Entimema

39 artículos sobre la crisis y otros pensamientos sobre economía en la actual coyuntura

Diciembre 2011 - Marzo 2014

Ángel Tomás Martín

© Entimema, 2014
Fuencarral, 70
28004 Madrid
Tel.: 91 532 05 04
Fax: 91 532 43 34
www.entimema.com

39 artículos sobre la crisis y otros pensamientos sobre economía en la actual coyuntura

ISBN: 978-84-8198-901-4
Depósito legal: M-24.588-2014
BIC: KC/DNJ

ÍNDICE

AGRADECIMIENTOS

A mi hija Rosa María, también economista, que ya lidera empresas del grupo Atosa con acierto e innovación y que aportó ideas a mi trabajo.

Al diario nacional de economía *Expansión*, que me ha dispensado la atención de publicar numerosos artículos que se integran textualmente en este libro.

Al diario *La Verdad*, cediéndome, igualmente, espacio para artículos que se integran en este libro.

A Juan José Garrido, de quien he adquirido conocimientos en el arte de la comunicación.

A José Francisco Larrosa. Recibí de él orientación y amistad.

A Augusto Costhanzo, excelente colaborador gráfico del diario económico *Expansión* y verdadero artista de la interpretación de textos e ilustración.

A Ana I. Vivancos, doctora en Marketing, por su inestimable colaboración.

A mi esposa Rosa, por su constante apoyo y estímulo en mi trabajo empresarial.

PRESENTACIÓN

Antonio Torrero Mañas*

Para mí es un gran honor presentar este libro de Ángel Tomás que integra 39 artículos que tienen como denominador común la relevancia, el conocimiento de los temas y el pragmatismo.

Ángel Tomás es un economista excelente, pero desearía destacar ahora su faceta como empresario. Es un hombre de empresa con inquietud social y preocupación por temas en todos los ámbitos: regional, nacional e internacional. Desde la experiencia de un hombre de acción aborda los distintos asuntos con conocimiento directo y rigor analítico.

Permítaseme que aluda a la figura del empresario en la sociedad española. Hace poco tiempo, el Nobel Coase se quejaba, con razón, de que el grado en el cual la economía está separada de los negocios ordinarios de la vida es extraordinario e infortunado. Si eso es cierto en la economía como disciplina y los

* Antonio Torrero Mañas ha sido consejero delegado de Ageco (Asesoramiento y Gestión Económica), presidente del Banco Hipotecario, presidente de Reite, S. A., consejero del Instituto Nacional de Hidrocarburos y consejero del Banco Español de Crédito hasta la intervención de la entidad en 1993. Ha sido profesor de la Universidad Complutense y de la Universidad de Málaga. En la actualidad es catedrático emérito de Estructura Económica de la Universidad de Alcalá.

negocios en general, lo es mucho más si tomamos a España como referencia.

La empresa y los empresarios no han tenido en España el reconocimiento que merecen en una economía de mercado. No me refiero a las grandes empresas, sino al colectivo de cientos de miles de empresarios pequeños y medianos que constituyen la columna vertebral de nuestro sistema económico. De ellos depende la suerte de nuestra economía: emplean, exportan, pagan impuestos y asumen riesgos comprometiendo el patrimonio familiar. Un dato puede ilustrar sobre la escasa atención que han merecido: hasta 1984 no se publicó la Central de Balances del Banco de España, que constituye la única estadística regular que nos permite analizar la marcha de nuestra economía desde la óptica empresarial.

Afortunadamente esto está cambiando. Me atrevo a decir que una de las señas de modernidad de España es la legitimación social de la figura del empresario. El cambio ha sido importante, pero no suficiente. El protagonismo del empresario debe ser mayor y constituirse en el eje de referencia de las medidas que se adoptan en el campo económico. De la misma forma que los Gobiernos preguntan a los expertos sobre la incidencia de las medidas proyectadas en los mercados financieros, y deciden en consecuencia, una cuestión fundamental en España debería ser la repercusión de cualquier proyecto sobre la empresa española.

Mis alumnos saben lo pesado que me he puesto remachando como un mantra que el nivel de desarrollo de un país depende de la capacidad de poner en marcha proyectos empresariales, en un entorno competitivo. El impulso empresarial y la capacidad de gestión son los componentes fundamentales de la creación de la renta y de la riqueza.

Ángel Tomás escribe los artículos que componen este libro en una época significativa (diciembre de 2011 a marzo de 2014). Son años de crisis profunda y de momentos de desesperanza. En ese entorno, sus análisis y propuestas denuncian las carencias, pero aportando siempre notas positivas de medidas precisas para resolver los problemas.

La situación de España es muy delicada. Estamos sufriendo ahora las consecuencias de un endeudamiento masivo y del empleo inadecuado de esa deuda en gastos e inversiones que no generan rentas suficientes para atender su servicio. El endeudamiento creciente impulsó los salarios y la renta dejando la herencia dificilísima de solventar: una economía poco competitiva en una crisis general. Todos coincidimos en que si hubiera monedas nacionales, la española sufriría una fuerte devaluación y la alemana se revalorizaría; esto es lo mismo que decir que operamos con un signo monetario real sobrevalorado.

En estas circunstancias, la exportación es un empeño muy difícil, pero es la única vía de alivio de nuestra economía ante una demanda interna sumamente débil. En ese escenario tan desfavorable la empresa española, con un mérito extraordinario, ha sabido competir y ganar mercados pese a la desventaja comparativa de costes esenciales como el energético, y la excesiva cotización del euro.

En su libro anterior, Ángel Tomás nos proporcionó el análisis de la crisis financiera que se produjo desde el otoño de 2007; en este se preocupa de la situación internacional, de los problemas del euro y de las dificultades de la economía española para ajustarse. Lo que no dice, por modestia, es su respuesta como empresario ante este panorama; me permito una breve referencia al respecto.

Las empresas de Ángel se internacionalizaron antes de la crisis y de manera decidida en plena crisis. En nuestras conversaciones siempre ha destacado que de no haberse internacionalizado difícilmente hubieran podido sobrevivir sus empresas ante el desplome del consumo en España. La expansión internacional de empresas de tamaño medio requiere un esfuerzo y una dedicación que solo personas previsoras, resolutivas y perseverantes pueden llevar a buen término. El apoyo de su esposa y de su hija ha sido fundamental para poder conseguir esta meta. Quedamos a la espera de su tercer libro, que recogerá los artículos que está publicando en la actualidad.

PRÓLOGO

Transcurridos más de dos años desde que publicamos el primer tomo que contenía 22 ensayos-análisis sobre la crisis que se inició en el último trimestre de 2007, que abarcó el periodo desde noviembre del mismo año a diciembre de 2011, editamos el segundo, que incluye un nuevo periodo hasta abril de 2014. Treinta y nueve ensayos y pensamientos se contienen en esta publicación, que con los comprendidos en el primer tomo, dejan atrás más de seis años de dura crisis sin que se hayan superado sus efectos sobre la economía real y el desempleo. Si bien es verdad que la recesión se ha alejado y se atisban los primeros síntomas de crecimiento, este está aún lejos de la creación sostenida de puestos de trabajo, imprescindibles para infundir la serenidad y el estímulo necesarios hacia el emprendimiento, para una economía real productiva y de garantía social que solo se conseguirán marcando nuevos objetivos que atraigan la inversión y consoliden un tejido empresarial como protagonista y ejecutor único de una auténtica economía política.

Seguimos sin saber pronosticar el tiempo que resta hasta disfrutar de una economía saneada y sin la influencia del endeudamiento excesivo actual que sobrepasa la capacidad necesaria recaudatoria soportable. Tampoco nuestro sistema fiscal, forzado al máximo, ayuda a un mayor consumo y un producto interior creciente; más bien no estimula el crecimiento potencial y propicia cierta salida de capitales buscando otras ubicaciones de más protección tributaria. La disminución de impuestos prevista para 2014 solo será posible siempre que el déficit se sitúe por debajo del 5,8% exigido por la Comisión Europea y nuestro Banco Central, y del 4,2% para 2015. El gran empuje creativo solo hará acto de presencia cuando se concilie con el saldo positivo exterior, sin centrarlo en la subida de impuestos.

Tras el contenido de este libro solo cabe preguntarnos si hemos aprendido lo suficiente de la crisis para obtener un diagnóstico de sus orígenes y saber cuáles son las soluciones para que no vuelva a repetirse. Nos atrevemos a diagnosticar: un sector financiero internacional especulativo de rápido crecimiento, que llega a ser de grandes dimensiones y alcanza unos niveles monetarios de un volumen casi incalculable, llega inevitablemente a desplomarse, frena el crecimiento económico y conduce a inestabilidad y endeudamiento casi insuperable. Estos sectores tienen como único objetivo maximizar beneficios a corto plazo en favor de sus depositantes, accionistas y grandes grupos de presión y sus analistas-directores solo trabajan para conseguirlo, creando una economía capitalista falsa, cuyos usos y abusos escapan a los controles de los Gobiernos y sus Bancos Centrales.

Las soluciones, según nuestro criterio, han de ser nuevas para resolver problemas viejos y repetitivos a lo largo del tiempo, y no se dispone de muchos enfoques alternativos. Lo único cierto es que aquellas deben perseguir exclusivamente un ajuste entre la economía real y los sistemas financieros.

La gran responsabilidad que permita eludir el riesgo de una importante depresión ocasionada por los grandes sectores financieros especulativos internacionales corresponde a los Gobiernos, quienes deben establecer los sistemas de control internos que impidan los excesos de inversión capitalista en sectores de rápido crecimiento, generalmente el inmobiliario, que siempre llevan aparejados el retorno de capitales y la pérdida de activos. Si esto no se regula y se controla sin fisuras, los movimientos financieros paralelos protegidos o fondos en la sombra (*hedge funds*), podrían producir una nueva crisis financiera mundial, aunque el riesgo de colapso es mucho menor porque algo sí se ha aprendido: proteger el sistema bancario, recortar gastos innecesarios y eludir las inversiones faraónicas de difícil cobertura financiera y escaso rendimiento.

1. COYUNTURA, PERSPECTIVAS Y DECISIONES

Expansión, 14 de diciembre de 2011

El desconocimiento, la debilidad y la falta de liderazgo de la mayoría de los gestores de la política-económica conducen siempre a la recesión y a la pobreza.

El Estado de bienestar integral es inalcanzable y es solo una frase para crear una falsa ilusión populista.

El tejido empresarial y los futuros emprendedores deben ser conscientes de que, para crecer y conseguir resultados positivos continuados, necesitan posicionarse mediante cambios estructurales internos y tomar, previa meditación y decisión, las medidas imprescindibles que nos lleven al éxito y a una diferenciación a que obliga una economía cambiante, de gran volatilidad, y una competitividad exterior de más alta productividad cada vez. Para ello, analicemos la coyuntura económica global, la de la eurozona, y la española con relación a nuestros socios europeos.

Las expectativas de la economía global auguran para el próximo 2012 un crecimiento y unos beneficios debilitados y de superación muy difícil. Se ha obligado a la situación financiera, en demasiadas ocasiones y erróneamente en otras, a realizar inversiones con pocas posibilidades de recuperación en sus plazos de amortización, no permitiendo fluir efectivo a las empresas y familias en la economía real; quedando la inversión, fuente de creación de riqueza, prácticamente paralizada. Los factores políticos de las más variadas ideologías e intereses partidistas continuarán ejerciendo su influencia, olvidando que la *economía política* —y no la *política económica*— es el único camino para el progreso, la administración austera y la rigidez presupuestaria. No se tiene en cuenta que la austeridad y los recortes sobre el gasto desmedido son necesarios, pero no resuelven el crecimiento de la riqueza y, en solitario, conducen a más recesión y desempleo. La austeridad ha de ir siempre aparejada al encuentro de nuevas fuentes de riqueza que atraigan inversión y aporten más consumo y más recaudación fiscal que posibilite la cobertura de las necesidades sociales. Hay que compatibilizar y homogeneizar los sistemas políticos internacionales, obligando a los líderes a desarrollar una administración inteligente y generadora de riqueza, ajustada a normas del buen gobierno y de la ética.

MARCHA DE LA ECONOMÍA GLOBAL

Para EE UU se espera un crecimiento del 2% para el próximo año, que, aunque bajo, estará basado en la alta competitividad de su sector industrial, superando a la de los países avanzados, salvo al de los emergentes y China. Mantendrá los tipos de interés bajos y unos niveles del dólar que dominarán a los países de pequeñas economías.

China se ha expansionado y seguirá haciéndolo en países con primeras materias; ampliará e invertirá en los emergentes estimulándoles el consumo y continuará la apertura generalizada de comercios minoristas. Su crecimiento solo será ralentizado por la subida de sueldos y la inflación, sin que llegue a superar el 9%.

La pretensión de EE UU de constituir el Foro Económico Euro-Pacífico en la jornada celebrada en Honolulu a la que acudieron y se adhirieron recientemente 21 países, no solo para el éxito económico de sus miembros sino también para establecer una barrera a la contaminante recesión y alto endeudamiento europeo, se ha visto oscurecida por la oposición de China a revaluar su moneda.

El endeudamiento estará presente durante muchos años, ya que el crédito seguirá perezoso y el aumento de la demanda será muy leve y alargado en el tiempo. Estos serán los factores decisivos y puntos débiles que habrán de tenerse en cuenta para cualquier toma de decisiones. Lo expuesto obliga a aligerar el peso de la deuda en los países desarrollados, a reestructurar la crisis bancaria obligada por la deuda soberana y a tener una visión real e indiscutible de los hechos.

EVOLUCIÓN DE LA EUROZONA

La economía en Europa soporta una crisis coyuntural generalizada más difícil de superar que la del resto de los países avanzados y emergentes. Más fácil lo tienen Inglaterra, Holanda y los nórdicos que lo sufren menos, en virtud de las grandes diferencias entre los países triple A sobre los periféricos, cuestión sin resolver desde hace muchos años.

Las valoraciones del crecimiento han sido prácticamente nulas y hechas con absoluta ligereza y sin tener en cuenta su volatilidad. La inversión ha sido débil a consecuencia del bajo consumo, de la parálisis del crédito, del endeudamiento incontrolado de los Estados, de la desconfianza en las decisiones políticas y del asombro producido por las inversiones faraónicas sin estudio previo de su necesidad, viabilidad presupuestaria, rentabilidad y cuadro de amortización razonable.

La paralización industrial, comercial y de servicios es evidente, y la reticencia en la inversión ha ocasionado altas cifras de desempleo y el desvanecimiento del optimismo empresarial.

También el euro se ha visto debilitado dentro de un continuo esfuerzo por mantener una paridad adversa al crecimiento, y la deuda soberana europea es superior a la contraída en el exterior. Todo ello ha creado una crisis sistémica de larga duración, cuya solución solo dependerá de impulsar el crecimiento y de unos presupuestos inteligentes y austeros. Si Alemania viera que su economía perdía fortaleza, toda la zona entraría en un estado de auténtica gravedad, con recesión y crecimiento nulo para el resto de los periféricos y viejas economías.

Por otra parte, la influencia del cambio, en marcha, de los países árabes de la cuenca mediterránea obligará a una reestructuración reguladora del tráfico mercantil para evitar perturbaciones en la estructura europea, especialmente de los productos agrícolas. Para resolver el problema coyuntural europeo seguimos estando lentos, indecisos e ineficaces; así solo tendremos un futuro más conflictivo y peor que el despegue suave y progresivo de EE UU y del Foro Asia-Pacífico. Tendrán que actuar los mercados y los bancos centrales, al ser imprescindible una fuerte expansión monetaria cuantitativa. Podemos afirmar que ha llegado de forma inaplazable la hora de los bancos centrales y de la reducción de los tipos de interés, que casi con seguridad el BCE situará en el 0,5.

Hay necesidad de refundar Europa, si queremos mantenerla unida, mediante una unificación fiscal, una mayor coordinación política y la necesidad de encontrar el camino de prestar a los más débiles, sin olvidar una austeridad justificada y un apoyo y estímulo a la tecnología y a la mejora de la calidad. Veremos, pues, la desaparición de empresas descapitalizadas y anquilosadas, y absorciones y fusiones que imprimirán solidez y competitividad en los mercados.

EL CASO DE ESPAÑA

Por estar ampliamente analizada y debatida, precisemos de forma resumida las causas que la definen: endeudamiento e inversiones descontroladas generalizadas; presupuestos sin rigor técnico y de gestión indisciplinada; caída del mercado inmobiliario; práctica desaparición del optimismo al crecimiento e iniciación empresarial, disminución drástica del crédito; desempleo líder en la Unión Europea y legislación laboral obsoleta y poco colaboradora con el desarrollo.

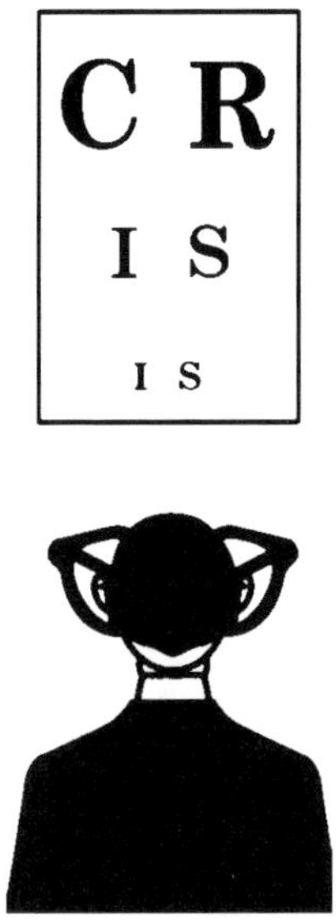

España necesita ideas claras y urgentes para la regeneración económica y el crecimiento continuado. La caída del sector inmobiliario obliga a impulsar nuevas fuentes de riqueza generadoras de empresas y empleo; la agricultura y sus derivados, olvidada y maltratada desde la Administración y por los intermediarios; un turismo con mayor divulgación en el exterior y una mayor modernización y atención personalizada en el interior... son ejemplos de un esfuerzo colectivo urgentísimo, sin olvidar más fluidez del crédito y más confianza y esperanza en la gestión de la economía política.

Sería bueno que todos comprendiéramos que el tan manido Estado de bienestar es una perfección casi inalcanzable, es una falacia creada para ilusionar a los ciudadanos, pero económicamente inasumible y políticamente equivocada. Disminuye el esfuerzo y la responsabilidad, perjudica a los más pobres y siempre conduce a una nueva crisis. Trabajemos para mejorar y para una sociedad más libre e igualitaria.

2. EL RIESGO BANCARIO INMOBILIARIO A DEBATE

Expansión, 10 de enero de 2012

Si el vocablo "banco" define a organismos destinados a facilitar el desenvolvimiento empresarial, con facultad de obtener beneficios, crear un banco para incorporar los activos tóxicos de otros bancos comerciales no debe llamarse banco, y menos aún malo. Será sin duda un ente financiero condenado, posiblemente, al fracaso de su actividad mercantil.

Un gran desacierto, no solo en la política económica sino en cualquier otra actividad, sería calificar negativamente un producto, una gestión o una corporación en su lanzamiento. Este principio lo sabe cualquier líder responsable y sería automáticamente cesado si usase expresiones degradantes en los productos o servicios que gestionase. Es el caso de la tan usada y extendida denominación de banco malo que se pretende crear para incorporarle los activos inmobiliarios tóxicos de los bancos y de casi imposible realización inmediata a causa de un exceso de promoción-demanda y de unos precios que alcanzaron niveles actualmente inaceptables, impulsados por una especulación y descontrol sin precedentes. Tal calificación podría aplicarse a los gestores económicos y financieros carentes de visión y ausencia de regulación y control.

Banco se define como un organismo público de crédito y de operaciones de banca para facilitar el desenvolvimiento de empresas y particulares; actuaciones desarrolladas con ánimo de lucro. Hay diversas especialidades de bancos: *banca privada*, cuya actividad va dirigida a la gestión de patrimonios y asesoramiento integral; *banco comercial y de negocios*, especializado en apoyo financiero a empresas y particulares; *bancos centrales nacionales*, emisores, con funciones de tesorería de los Estados, de control y de servicio central de balances; Banco Central Europeo; Banco Mundial, organismo económico internacional fundado junto al FMI en 1944 para conceder créditos a los Estados. Todos cumplen sus funciones de financiación, pero siempre acompañadas de la facultad de lucro.

ENTE PÚBLICO DE GESTIÓN PATRIMONIAL

Si el mal llamado banco malo va a tener como misión la incorporación de activos tóxicos procedentes de la banca privada y comercial, en modo alguno debe ser llamado banco. Debe crearse un ente público de gestión patrimonial sin ánimo de lucro, cuya actividad sea la administración y realización de los bienes inmobiliarios incorporados, apoyada por una buena política de mercado que haga posible, en el tiempo, ajustar precios razonables en coyunturas favorables basadas en una demanda nacida del crecimiento económico. Es indiscutible que limpiar los balances, de urgente necesidad, con cargo al Tesoro sería un grave error, dado el alto endeudamiento público y el incumplimiento con las exigencias de los reguladores europeos.

Los balances de las entidades financieras necesitan sanear sus activos, seriamente afectados por la obligada incorporación de inmovilizados ajenos a la actividad habitual para la que han sido creadas. Los valores de incorporación son superiores a los de mercado actuales por razones coyunturales conocidas, lo que, unido a la inversión en deuda soberana, ha paralizado en gran medida sus posibilidades crediticias, indispensables para la recuperación económica que España necesita con urgencia. Estos activos deben ser liberados a los precios contables actuales, ya que de aplicarse los de mercado vigentes originarían unas pérdidas en el pasivo no exigible en muchos casos insoportables y una posición no permitida por el Banco de España, y seguiría sin resolverse el crédito a la economía real. Regularizarlos con cargo a beneficios futuros implicaría un deterioro en las cotizaciones bursátiles sin haber eliminado los activos tóxicos, lo que obligaría a una gestión añadida a la financiera habitual, sin la estructura especializada de la que carecen.

Si se obliga a las entidades de crédito a realizarlos directamente y con urgencia, se provoca una crisis bancaria, una recesión inevitable y una pérdida de credibilidad internacional de muy difícil recuperación. No olvidemos que el conjunto de activos absorbidos supera la cifra de 400.000 millones de euros (que incluye, entre otros, morosos, de dudoso cobro y fallidos, que alcanzan un total de más de 160.000 millones de euros potencialmente problemáticos, aunque en parte ya provisionados).

Siendo el valor de los "créditos débiles" 70.000 millones aproximadamente, este es el importe que debería obtenerse del FMI con garantía del propio ente y del Estado (vayamos ganándonos el favor de EE UU, poseedor de casi el 20% del mismo) para ser inyectado al ente público de gestión patrimonial con destino a compensar los inmuebles recibidos de cada entidad financiera a los precios contables. Estos fondos recibidos por el sistema financiero tendrían como único destino la economía real. La nueva gestión inmobiliaria debería dotarse de un equipo humano especializado de alto nivel técnico y comercial, y contar con el apoyo de las oficinas de los bancos regularizados.

Los terrenos, calificados o sin calificar, deben gestionarse por la propia banca, responsable de haber financiado en la mayoría de los casos con excesiva ligereza, sin que olvidemos en adelante corregir el débil control del Banco de España y del Tribunal de Cuentas del Estado.

3. DESALINIZADORAS, UN ERROR IRREPARABLE

La Verdad de Murcia, 21 de enero de 2012

Los egoísmos interregionales y la ausencia de una política económica equilibrada y solidaria siempre ocasionan inversiones equivocadas, más división y el crecimiento de la pobreza.

El presidente de la Comunidad Autónoma de Murcia lleva insistiendo y trabajando de manera incansable desde 1996 en la solución definitiva del déficit hídrico del Levante español, en especial la cuenca del Segura, la única que padece un déficit que alcanza los 400 hm^3. Son los antitrasvasistas los que obsesivamente iniciaron y continúan sus proyectos de desalación, en oposición a un plan nacional de distribución racional y solidario de las aguas con destino al consumo y la agricultura. En España hay agua suficiente, que en una buena parte dejamos impasibles que termine en el mar, para después recuperarla, encarecerla, y convertirla en nociva como después veremos. Los que abogan por la desalación, o sus técnicos asesores, no poseen los conocimientos técnicos necesarios o se los reservan por intereses personales. Cualquier determinación que se adopte debe basarse en el rigor de la ciencia de investigación y sus resultados prácticos o se cometerá un tremendo error irreparable que solo conduce a unos resultados agronómicos y económicos catastróficos.

En este artículo vamos a ceñirnos a la irrigación con agua del mar desalada y su impacto trascendental en los aspectos económico y agronómico y su eficiencia en el cultivo de los cítricos, ya que es el más importante en todo el Levante español y el más representativo socioeconómicamente considerado.

Para ello, se encargó un estudio en el año 2004 a la Universidad Miguel Hernández de Elche y a su Departamento de Producción Vegetal y Microbiológica de la Escuela Politécnica Superior, en donde se imparte la materia de Cultivos Leñosos, una de las cátedras más señeras de España. Se recurrió también a la International Society for Mandarin Farming, que integra a ocho países, incluido España, los cuales controlan el 90% del comercio mundial del cultivo más sensible: las mandarinas. Se utilizaron las investigaciones del Laboratorio de Salinidad de EE UU y de la Universidad de California, uno de los países de mayor sofisticación en el cultivo de los cítricos. Previo al estudio, se llevaron a cabo análisis de las aguas procedentes de desalinizadoras en distintos puntos: Tenerife, Pulpí (Almería) y Campollano (Alicante), además de aguas del Atlántico y del Mediterráneo, de ríos de la cuenca hispana mediterránea y de los canales de California afectados o vírgenes de boro para el riego; todos analizados posteriormente por un laboratorio homologado por la Entidad Nacional de Homologación a nivel europeo.

Si seguimos y ampliamos el riego con agua del mar desalinizada sobre los cultivos permanentes en general y de los cítricos muy en particular, entraremos en riesgo de desaparición de la infraestructura y economía creada sucesivamente durante siglos, se perjudicaría el ecosistema marino y la estructura económica nacional.

Para los cultivos sensibles solo deben utilizarse aguas adaptables, naturales, superficiales y equilibradas. Las tratadas en desalinizadoras, desequilibradas, imposibilitan la adaptación de las plantas al medio ambiente si las alteramos, ya que los cultivos de gran sensibilidad biológica no reaccionarían ante un nuevo equilibrio, salvo que su ontogenia, que no es nuestro caso, fuese de carácter corto.

El boro tiene un grave impacto en el árbol y en el suelo. Con el boro, de dificilísima eliminación, se pasa fácilmente a la *fitotoxicidad*, sin que los cítricos altamente sensibles tengan mecanismo de defensa a este componente. El que porta el agua y el que se va acumulando en el suelo son absorbidos por el árbol y es lineal (Marshner, 1995). Richards L. A. 1954 EE UU y posteriormente la Universidad de California 1968 cuantificaron el límite de tolerancia hasta 0,5, *fitotoxicidad* 1, y a partir de 2 el árbol se seca y muere.

En cuanto al acumulado en el suelo es también absorbido, ya que aumenta con el pH alcalino del suelo. Chapman, de la Universidad de California, manifiesta que con el boro aparecen amarilleamientos en las hojas con elevada caída de las mismas en otoño, y termina con la vida del árbol, que ha necesitado entre seis y nueve años para alcanzar la plenitud de cosecha.

Además, se ha descubierto el problema de la sodificación de los suelos, que nada tiene que ver con la salinización. Esta sodificación es provocada por la acumulación de las aguas desalinizadas debido a que la relación sodio/calcio es superior a las aguas naturales, elimina el calcio como elemento constituyente fundamental, impidiendo el crecimiento del árbol al transformarse el suelo en halomórfico de tipo sódico. Más sodio que calcio arruina el rendimiento de los cítricos.

Por último, el cloro en aguas desaladas es absorbible por la planta, por los árboles, produciendo puntas secas en las hojas, derivando en envejecimiento hasta el decaimiento total. Contrarrestar el efecto del cloro obliga a agregar nitrato de cal al agua; otro coste añadido innecesario.

CONCLUSIONES

Respecto a la repercusión en el PIB nacional de la producción agrícola de los cítricos, tomando las toneladas producidas en España y las producidas en las provincias de Castellón, Valencia, Alicante, Murcia y Almería, Levante soporta el 80,7% de la producción total española. Además crea trabajo en sectores como los de envases, transporte, fabricación de derivados, centrales hortofrutícolas, exportación y alta contribución a la balanza comercial, sin olvidar los importantes ingresos al fisco, y las más de 238.000 hectáreas cultivadas y afectadas, patrimonio creado durante generaciones.

Todo será posible con voluntad, equidad, equilibrio y generosidad colectiva. La agricultura, y sus derivados, víctima de abandono y necesitada de reestructuración será, sin duda, una de las fuentes de riqueza que tanto necesitamos para remontar el estancamiento de nuestra economía; en caso contrario, otros países se irán adueñando de un mercado internacional imprescindible que nosotros conocemos y que no volveríamos a recuperar.

4. POTENCIAR NUESTRA RIQUEZA, ÚNICA SOLUCIÓN A LA CRISIS

Expansión, 8 de febrero de 2012

Cuando el objetivo te parezca difícil, no cambies de objetivo; busca un nuevo camino para llegar a él.

Confucio (551 a.C.-479 a.C.)

El objetivo después de una crisis se conoce, pero es necesario rectificar el camino de una mala política-económica personalizada por una economía-política que aúne austeridad con generación de riqueza, capaces de conseguir un desarrollo armónico, efectivo y de larga duración.

Si el principal sector económico, productor de riqueza y de puestos de trabajo, entra en crisis y arrastra al sistema financiero, a la par que el endeudamiento público alcanza niveles casi insoportables y se origina un desempleo de altísimo riesgo, podemos afirmar sin temor a equivocarnos que la política económica se ha gestionado sin previsión y sin control, y, lo que es peor, ha tocado fondo. Se ha permitido durante muchos años dirigir la economía por líderes autodidactas que mezclaban en la gestión económica su personal filosofía política, olvidando o desconociendo que el liderazgo obliga a ceñirse a una buena gestión económico-política y no político-económica, cuyos errores se justificaban y las soluciones se aplazaban. El presupuesto nacional no ha sido respetado ni controlado, y solo una carrera de inversiones faraónicas carentes de rentabilidad y no preferentes explican el caos en que nos encontramos. A esta misma situación llegaron hogares, empresas, corporaciones y comunidades que se endeudaron con escasa posibilidad de la atención del servicio de la deuda.

Ante la morosidad generalizada, la generación de riqueza en regresión y la falta de ideas propias de todo mal gestor, solo se recurre a medidas de austeridad y recortes, necesarias sin duda, pero perjudiciales si no van acompañadas de unas nuevas medidas de generación de fuentes de riqueza que permitan crear puestos de trabajo, recaudar impuestos y sanear el desequilibrio presupuestario.

La situación no permite dilación alguna; el círculo vicioso: más recortes, más impuestos y menos renta nacional no hace posible el crecimiento del consumo y la inversión, sin los cuales será inevitable el estado de insolvencia generalizado. Tampoco la Europa comunitaria podría digerir la quiebra de un miembro de la importancia de España. Consuela saber que contaríamos con su ayuda si somos capaces de unir austeridad con generación de riqueza.

Para ello, necesitamos previamente un sistema financiero sólido y con la liquidez suficiente para posibilitar el crecimiento del tejido empresarial. Un sistema sano y una reducción del gasto público están siendo objeto de regulación, aún incompleta, pero la creación y el estímulo de sectores de riqueza que generen actividad ni se ha proyectado ni se ha iniciado; si no se acometen con urgencia, el fracaso económico puede ser inevitable.

MEDIDAS IMPRESCINDIBLES

Centrémonos en las medidas imprescindibles para conseguir el crecimiento de la actividad económica, que junto con la austeridad y la eliminación del gasto inútil en época de crisis constituyen el único camino que nos conducirá a la estabilidad, a la paz y a la recuperación de parte del bienestar social perdido.

En la actual coyuntura económica europea no es posible potenciar nuevas fuentes de riqueza en España impulsadas desde el exterior. Una vez agotado el sector inmobiliario, solo se iniciará nuestra recuperación si sabemos analizar nuestras actuales posibilidades de riqueza territorial y promover normas de desarrollo y política de inversiones para cada sector, basadas en modernas aplicaciones de los factores: capital (privado y financiero)-trabajo y productividad-trabajo; sin olvidar las complejas interdependencias entre las diversas actividades industriales, agrícolas y servicios. El único camino urgente es mejorar nuestra competitividad respecto a los países de la Unión a la que pertenecemos, corrigiendo los defectos organizativos anticuados actuales, e implantando nuevas técnicas y normalizaciones en relación con la tipificación regional de nuestros productos y servicios. En resumen, propiciar políticas óptimas de inversiones que aumenten el consumo, favorezcan las exportaciones y creen empleo.

Las pequeñas y medianas empresas tienen mayor productividad que las grandes, sus relaciones capital-producto y capital-trabajo son menores al ser mayor el valor añadido por hora trabajada; cuestión a tener en cuenta al estudiar una política de inversiones adecuada por zonas geográficas especializadas y con experiencia tradicional a lo largo del tiempo. Estos condicionantes deben influir en la planificación de los estudios y en la confección de los inventarios de las unidades de bienes de que disponemos, sin olvidar las tendencias futuras. La interacción entre el análisis teórico y la investigación empírica componen la base auténtica del progreso y demuestran que la productividad y precio son los componentes de un proceso de desarrollo intensivo que permite la extensión de la mano de obra ocupada al crecer la productividad de esta.

Por otro lado, la perfección a consecuencia de incorporar maquinaria aumenta el producto neto del país sin disminuir el producto bruto, y mejora el bienestar de todas las clases sociales. La combinación de los factores productivos debe supeditarse a la utilización de los que estuviesen ociosos y de que la inversión de capital está supeditada al ratio salario real-interés real, puesto que el volumen de capital por trabajador muestra el grado de capitalización de una actividad productiva. La potenciación y utilización de la riqueza es clave.

Por riqueza entendemos el valor del conjunto de bienes de que dispone nuestra nación, y es el resultado de inventariar las unidades de bienes (que debe efectuarse por regiones para poder homogeneizarlas) y obtener el resultado de un proceso acumulativo, para posteriormente capitalizar sus rendimientos. Así definiremos la estructura de nuestra riqueza y comprobaremos su bajo coeficiente de utilización, indispensable para proceder a estudiar y aplicar las reformas que nos conduzcan a la optimización de los resultados de explotación con relación a nuestros competidores. Hemos de partir, por tanto, de lo que llamamos una auténtica radiografía de nuestra realidad económica como base para un desarrollo armónico y efectivo.

Para esta tarea, única posible, necesitamos el esfuerzo conjunto del ejecutivo, del sistema financiero, del tejido empresarial y del trabajo.

5. REFORMAR LA SANIDAD PARA SALVAR SU GRATUIDAD

Expansión, 11 de abril de 2012

El endeudamiento público y el desequilibrio presupuestario han obligado a un ajuste del gasto en sanidad, que puede perjudicarla como bien social necesario y prioritario.

Los beneficiarios debemos ser colaboradores, evitando el abuso en las prestaciones.

"El mal uso de la abundancia, nos hace pobres."
Publio Ovidio Nasón, poeta latino

El endeudamiento generalizado y agravado por el devengo de los intereses, no solo de particulares y empresas, sino por la prima de riesgo que presiona en las subastas de deuda pública y la vigilancia a la que España está sometida desde Bruselas para el cumplimiento del objetivo de reducción del déficit al 5,3% comprometido han creado la necesidad imperiosa y urgente de acometer una profunda reforma estructural de la economía, que obliga, entre otros objetivos, al ajuste del Presupuesto General del Estado, y muy concretamente, entre otros, al de sanidad al que vamos a referirnos a continuación.

Las bondades de nuestro sistema sanitario permiten que podamos calificarlo como el mejor conocido de entre los países avanzados. Pretender recortarlo suprimiendo servicios esenciales y completos debe desecharse sin titubeos. La asistencia sanitaria es un bien social superior y más necesario que cualquier otro, y debe ser objeto de profundo estudio para conseguir su permanencia con las máximas prestaciones, pero siempre que no se deteriore su viabilidad hasta hacer imposible su mantenimiento, máxime cuando el reajuste presupuestario es imprescindible como consecuencia del gasto e inversiones desmedidos y descontrolados durante muchos años que nos han llevado al peligroso endeudamiento que padecemos.

Se pretende un recorte en el presupuesto de sanidad del 13,7%, el cual puede conseguirse no por la vía de la supresión de prestaciones, sino por la implantación de un sistema de gestión y control inteligente, exhaustivo, corrector y colaborador. Cualquier empresa, entidad o corporación elige a sus gestores con un alto nivel de preparación, ética y dedicación que haga posible alcanzar los objetivos pretendidos. Una empresa, y como tal debe ser gestionada la Sanidad Nacional, cuyos responsables no sean seleccionados escrupulosamente o no reúnan las condiciones mencionadas, tendría su fracaso asegurado. Ejemplos de ello se producen con demasiada frecuencia, pero resulta imperdonable si ocurre en los servicios públicos a los ciudadanos.

En nuestro criterio, de no rectificar y reestructurar sin pérdida de tiempo, el sostenimiento de nuestro modelo sanitario corre el peligro de deterioro continuado, e incluso de ser objeto de paralización por financiación insuficiente y precaria.

¿Por qué decimos que el sistema exige un cambio en la previsión, gestión y control en la administración del sistema sanitario? Porque en el estudio e investigación llevado a cabo durante varios años por varios expertos y observadores se han detectado abusos, falta de coordinación, protocolos rígidos y en muchos casos innecesarios, ausencia de control en el rigor presupuestario y auditorías internas y externas.

Antes de entrar en algunas de las soluciones, conviene aclarar que el gasto farmacéutico representa el 17% del gasto sanitario total[1], lo que demuestra que el costo sanitario proviene esencialmente del gasto hospitalario. Lo confirman investigaciones directas, y entrevistas con personal perteneciente a diversos hospitales, escuchar a numerosos usuarios del sistema de salud, así como la importante fuente de comunicación de la red, en la que se encuentran numerosos artículos que así lo acreditan, unido a informaciones procedentes de relevantes personalidades del mundo farmacéutico.

El verdadero problema de la situación financiera de la Seguridad Social no es solamente la deficiente gestión y su laso control, sino el mal uso, en algunos casos, de algunas prestaciones y el abuso que en determinadas ocasiones cometen los propios beneficiarios. Algunos ejemplos pueden servir de justificación: acudir a urgencias con síntomas leves, que deberían resolverse en los centros establecidos estratégicamente por especialistas preparados y responsables, que disponen de tiempo para la atención médica necesaria y suficiente, aliviando el trabajo ingente a los profesionales excelentes que cubren el servicio de urgencias, necesario para casos que lo requieran. En ocasiones se ven forzados a cumplir el protocolo ordenando pruebas y análisis, en muchos casos excesivos y costosos, y todo en perjuicio del enfermo que ingresa con suficiente justificación de gravedad.

Por otro lado, España es un auténtico paraíso sanitario. En ningún otro país se presta gratis a extranjeros, no residentes o sin contrato de trabajo, incluso sin residencia oficial, atendiendo

1. Según datos obtenidos de un prestigioso gabinete de investigación.

también a familiares venidos exclusivamente para recibir asistencia que en su propio país no les prestan y que ni unos ni otros cotizan a la Seguridad Social. En este caso el costo soportado por la sanidad española alcanza cifras muy preocupantes, en crecimiento y carentes de un control riguroso, que si bien la prestación humanitaria es obligada, debe ser abonada por los interesados o por las compañías internacionales o nacionales de las que sean beneficiarios. Cualquier español que viaje por Europa lo hace protegido por la correspondiente compañía aseguradora reconocida o correspondida en el país de destino. En caso contrario, el servicio de atención es cobrado por adelantado.

La atención de lo anteriormente expuesto obliga a nuestro sistema sanitario, en la mayoría de los casos, a practicar diversas pruebas analíticas, radiológicas, biopsias, consultas, tratamientos, incluso cirugía mayor, con cargo a nuestros presupuestos y clara incidencia en el actual desequilibrio financiero. Lo mismo puede aplicarse a la población flotante promovida por el turismo.

PROPUESTA DE ALGUNAS SOLUCIONES

- Acotar los servicios a los extranjeros y no residentes.
- Revisar y regular los consumos de los residentes, en muchos casos desproporcionados.
- Vigilar la interrupción de tratamientos, generalmente por olvido, tan costoso para el sistema, al crear serios problemas posteriores (urgencias, ingresos hospitalarios, pruebas...).
- Planificar y organizar el uso adecuado de la medicina preventiva, utilizando campañas de educación sanitaria, a través de las redes de consultas y farmacias.
- La revisión y posterior cumplimiento de los protocolos en las pruebas diagnósticas y del estricto cumplimiento de los mismos por los médicos.

- Establecer un ligero pago testimonial, como ocurre en la mayoría de los países por receta, y visita a urgencias.
- La gratuidad siempre es sinónima de abuso, excluyendo de tal obligación a los que carecen de ingresos o reciben un mínimo por debajo de lo establecido y hasta que desaparezca esta situación.
- Establecer las auditorías internas y externas obligatorias.

Nada más importante y mejor que una sanidad buena y gratuita, pero al serlo no se valora y se despilfarra. Empeñarse en no controlarla y mantenerla totalmente gratuita demuestra ignorancia y partidismo mal entendido, que conduce indefectiblemente a la quiebra del sistema, a la destrucción de una sanidad ejemplar, y a una desatención social obligatoria.

Solo cuando el crecimiento de la renta y riqueza nacional alcancen cotas que permitan la recaudación necesaria, podría reconsiderarse la gratuidad controlada. Solo una buena gestión participativa, coordinada y respetuosa con el presupuesto permite el mantenimiento de unas prestaciones excelentes. Ha llegado la hora de administrarnos escrupulosamente, ser sinceros con nosotros mismos y disciplinados con las normas de la eurozona a la que pertenecemos.

6. LA ECONOMÍA, EN UNA SITUACIÓN LÍMITE

La Verdad de Murcia, 18 de abril de 2012

Los grandes logros y los necesarios remedios no se alcanzan sin ingenio y trabajo incansable, pero es inevitable afrontar graves riesgos.

Para volver al crecimiento es necesario reconocer nuestra posición real en toda su extensión.

La pérdida de tiempo en cualquier desarrollo económico conduce irremisiblemente al fracaso si no es rectificado a tiempo, tanto si se trata de la economía pública como de la privada. Los empresarios sabemos que la lentitud en la expansión o en la aplicación de soluciones a coyunturas adversas deja expedito el camino del éxito al competidor y nos precipita a situaciones de extrema gravedad.

En el otoño de 2007 se presentó el estallido de la actual crisis, que ha venido complicándose de forma creciente hasta hoy, por no actuar a tiempo y con rapidez. Ni se reconoció ni se aplicaron a tiempo las medidas contra el despilfarro y el verdadero origen de la crisis: inversión desproporcionada, mala y sin control sobre el sector inmobiliario, muy por encima de la demanda y empujada por una especulación y unas ayudas del sector financiero sin visión de futuro y sin intervención de los controles oficiales obligatorios.

El incremento progresivo de gasto público, descontrolado y en algunos casos opaco, la indisciplina presupuestaria y el exceso de gasto y endeudamiento de las familias, muy por encima de nuestras posibilidades, han sido las causas de la situación límite en la que nos encontramos, que viene definida por el déficit de la balanza por cuenta corriente, la deuda soberana insoportable y agravada por la acumulación de los intereses y el endeudamiento de los agentes económicos (familias, empresas, instituciones financieras y Administraciones públicas). Todo ello protegido por una moneda fuerte, el euro, y la esperanza de que la Unión Europea a la que pertenecemos nos daba la garantía de continuidad.

Tan solo el conocimiento del contenido de los Presupuestos Generales, necesariamente restrictivos, sin que se hayan hecho públicas la imprescindibles medidas estructurales que hagan posible el desarrollo económico sustitutivo del malogrado sector inmobiliario, han ocasionado que la prima de riesgo se dispare, que la Bolsa alcance en un solo día una caída superior al 2% (el IBEX 35, que incluye las entidades financieras, ha descendido su patrimonio neto medio un 20%) y que la confianza de los mercados financieros ha disminuido ante el riesgo de incumplimiento del servicio de la deuda asumida por el conjunto del país.

Confiamos en que el crecimiento económico es posible a medio plazo, basado en la agricultura y sus derivados, en la pesca, en el impulso en el exterior de nuestro tradicional turismo, en la recuperación industrial competitiva mediante la deflación de sus costos y su internacionalización, en las necesarias alianzas empresariales para su consolidación y en el saneamiento del sector financiero que aporte el flujo monetario imprescindible a la economía real.

Para todo ello es necesario reconocer nuestra posición real en toda su extensión, y aplicar las medidas imprescindibles y urgentes, pues como decíamos al principio la pérdida de tiempo nos llevará progresivamente a una situación sin retorno. Nuestra posición real de la deuda, dada la variabilidad de los países de la eurozona, nos sitúa entre los cinco de mayor crisis, solo superados por Irlanda (véase el informe publicado por McKinsey Global Institute). En el estudio se toma en consideración el endeudamiento de los hogares, corporaciones, instituciones financieras y Gobierno, y se pone de manifiesto el gran superávit de la deuda privada sobre la pública.

Somos todos, familias, empresas, corporaciones, Estado, sistema financiero, partidos políticos y sindicatos, los que debemos unirnos por una sola causa, la regeneración e impulso de nuestra economía, única manera de crear la riqueza necesaria para hacer frente a nuestra insoportable deuda exterior y para la creación de puestos de trabajo, productos ambos de un gasto generalizado desmedido y de una inversión descomunal carente de inteligencia y control.

Todo ello tampoco será posible si la amortización de la cifra global de la deuda, incluidos intereses (que puede estar cerca de los 800.000 millones), no se separa en dos partes: la amortizable con los excesos positivos de los presupuestos y los beneficios crecientes de colectivo empresarial; y la posible cantidad sin posibilidad de amortización a sus vencimientos, cuya cobertura obliga a la emisión de deuda perpetua o a muy largo plazo, junto a la ayuda del Fondo Monetario Internacional y el Banco Central Europeo.

Ni las soluciones propuestas ni el cambio estructural serán viables si no se reducen o desaparecen las disputas sociales que provocan el recorte del gasto, y sin que los partidos políticos dejen de crear el clima de irritación que mantienen.

7. LOS SIETE PILARES IMPRESCINDIBLES PARA EL CRECIMIENTO

Expansión, 21 de abril de 2012

En economía los inteligentes quieren aprender y son parte de una pequeña selección, el resto del colectivo solo piensa en enseñar.

Si partimos del diagnóstico resumido de la coyuntura económica mundial, y más concretamente de la española, podemos afirmar que se dan los siguientes hechos incuestionables: reducción del crecimiento de toda la actividad económica; cifras insostenibles y en aumento del desempleo; caída generalizada de las cotizaciones de valores en las bolsas; inflación ocasionada por el encarecimiento de precios del petróleo y de la mayoría de las energías renovables que, aunque subvencionadas en parte, han sido promovidas a costa del precio tarifario del consumo, y con la ausencia de los aumentos de capital que las eléctricas estaban obligadas a llevar a cabo, por ser una actividad paralela diferente (su déficit lo soportamos los consumidores injustamente, convertidos en seudoaccionistas forzosos); endeudamiento generalizado (Estado, autonomías, corporaciones locales, sistema bancario, empresas y familias) y una política económica gestionada de manera indisciplinada y orientada a intereses electorales.

Como parece que no aprendemos de las crisis padecidas a lo largo del siglo pasado, no se previó, ni se impidió, ni se reconoció, ni se han aplicado con urgencia las medidas de control del gasto innecesario e improductivo ni se acometieron con valentía las medidas estructurales necesarias para volver al crecimiento de la economía. Hemos perdido demasiado tiempo.

La disminución progresiva de la demanda y del ahorro privado, junto a la falta de liquidez del sistema bancario, han deteriorado los balances de las empresas, forzando el cierre de numerosas pequeñas y medianas —las pymes absorben más del 80% del empleo—, sin olvidar las serias dificultades que también afectan a determinadas empresas de gran tamaño.

AUSTERIDAD PRESUPUESTARIA

No debemos olvidar que, en una economía globalizada, el poder de los mercados financieros, muy influidos por los grandes especuladores en la sombra, solo puede contrarrestarse con austeridad presupuestaria, con políticas expansivas creadoras de empleo, y con mejoras de la productividad para la estabilidad de precios y de la competitividad. Es fundamental fomentar en paralelo la inversión en I+D+i, el uso continuado de las tecnologías de la información y la comunicación, y la inversión en capital humano.

Visto el diagnóstico expuesto, sin que hayamos pretendido ser exhaustivos, ¿qué medidas básicas deben aplicarse de forma coordinada y simultánea? Una situación grave y de alto riesgo exige soluciones eficaces nuevas, que impidan una nueva recesión aún más profunda. Expondré los pilares que, a mi juicio, soportarían el crecimiento sostenido hacia una economía sólida e integrada en la Unión Europea a la que pertenecemos, y que contrarreste los inconvenientes:

1. Consolidación del sistema financiero, independiente del poder político y solamente controlado por el Banco Central Nacional, igualmente independiente.
2. Consolidación de la deuda pública de los distintos entes públicos.
3. Presupuestos de base cero, controlados por el Tribunal de Cuentas del Estado, como órgano también independiente.
4. Restitución del cuerpo de interventores del Estado en todos los organismos oficiales y la creación del cuerpo de auditores internos.
5. No aplicar una política de recortes indiscriminada, sino efectiva, sobre la eliminación de gastos superfluos y no rentables, exceptuando los necesarios e indispensables para la cobertura de los servicios sociales.
6. Establecer un régimen fiscal que estimule a emprendedores y empresarios a la inversión y expansión comercial, únicos responsables que pueden hacer posible el crecimiento económico y la creación de puestos de trabajo, sin olvidar que son los que permitirán el incremento de la recaudación fiscal, única vía para la atención del endeudamiento contraído. Otros países de nuestro entorno lo están practicando.
7. Exigir a los líderes políticos una gestión respetuosa con los presupuestos libre de intereses electorales. Una gestión dirigida a la generación de productividad y cooperación empresarial, dejándoles la expansión y el trabajo a su responsabilidad. Y que olviden apoyarse en las teorías de Keynes, muy acertadas en la Gran Depresión, pero inaplicables en la crisis actual, vista la ineficacia del Plan E y de las cuantiosas obras inútiles y no rentables que tanto han contribuido al endeudamiento que nos atenaza.

Conviene tener presente que el recorte y la austeridad son necesarios, pero si no van acompañados de un cambio estructural que nos haga salir de la difícil situación en la que nos encontramos, darán lugar a más recesión y se convertirán en un auténtico lastre para el crecimiento de la economía. Triste camino que se abre para la salida de nuestros jóvenes titulados, en los que tanto se ha invertido para su formación, y para los numerosos empresarios que situarán su inversión, producción y servicios en países con mayor demanda, protección, ayuda financiera y mejor tratamiento fiscal.

8. DEL ENDEUDAMIENTO INSOSTENIBLE A LOS PRESUPUESTOS INVIABLES

Expansión, 1 de mayo de 2012

La confianza se gana con el tiempo y se renueva cada día, pero no se alcanza nunca sin ofrecer ejemplo, disciplina y dedicación. La crisis que se inició a finales del último trimestre de 2007 fue provocada por no ceñirse a la disciplina presupuestaria obligatoria y a una gestión económica sin objetivos y sin control. El exceso de alegría continuada solo lleva al empobrecimiento y a la tristeza.

La reciente aprobación de los Presupuestos Generales del Estado, sin que haya existido voluntad unánime de debate constructivo, tan necesario como exigía la peor crisis económica española soportada en el último medio siglo, y que desde el último trimestre de 2007 viene progresivamente agravándose y en recesión, no ha resuelto ni va a corregir el desorden en el funcionamiento de los mercados, las valoraciones de los activos, la regeneración y potenciación de las entidades de crédito, la reactivación de la economía y de la actividad laboral, la balanza negativa comercial y el imprescindible incremento de la actividad exportadora y expansión internacional. Pero es aún más grave desaprovechar los espacios de bonanza y optimismo colectivo e invertir, gastar y administrar de manera indiscriminada y casi siempre sin talento. Hemos olvidado durante demasiado tiempo los errores cometidos en las últimas crisis del siglo pasado, consintiendo políticas económicas torpes y egoístas, despreciando el obligado equilibrio presupuestario y el de las cuentas públicas, que nos han llevado al actual estado de deterioro interno y exterior. No hemos sabido librarnos de los mal llamados talentos de la política económica, que solo albergaban grandes dosis de pretenciosa vanidad, sin asumir la gran responsabilidad que se les otorgaba.

MEDIDAS URGENTES

Obligados por la necesidad inaplazable de un cambio de ciento ochenta grados que pueda salvarnos del precipicio a cuyo borde nos encontramos, se han adoptado medidas previas urgentes para hacer posible el gran cambio de medidas estructurales armónicas con la economía global de la que formamos parte. Todo ello obliga a volver a una escrupulosa disciplina presupuestaria, cuya confección entraña un problema de dificilísima solución integradora: el endeudamiento gigantesco inasumible (ni a corto ni a medio plazo) con un presupuesto de ingresos posible que, aun en el caso del mayor optimismo recaudatorio, no podrá cumplirse en el estado de recesión en que nos encontramos. Tengamos presente que una solución basada solamente en la presión fiscal dura ni recaudará más ni propiciará el crecimiento económico. Solo el progreso de la economía puede permitir el crecimiento del presupuesto de ingresos.

No es posible en el corto espacio de este artículo hacer un análisis profundo de los recientemente aprobados Presupuestos Generales del Estado, pero intentaremos en un esfuerzo de síntesis demostrar, a nuestro juicio, la incompatibilidad de su contenido con la atención al servicio de la deuda pública, considerando

el notable incremento del pago de intereses en el marco del deterioro de la calificación de las agencias y la angustiosa prima de riesgo. En suma, teniendo en cuenta las dificultades crediticias que ya encontramos en los mercados financieros.

El crecimiento de *stock* de deuda pública es explosivo. En 2008 partimos de 456.000 millones de euros y ha venido incrementándose año tras año hasta alcanzar 849.000 millones en 2011, más la de este año, no inferior a 50.000 millones. Por tanto, en cinco años hemos visto subir nuestras obligaciones financieras en más de 400.000 millones. Seguimos sin administrarnos bien, aunque suenan fuertemente las alarmas y persiste el peligro de alto desequilibrio y de posible intervención.

Resumamos diciendo: el endeudamiento sigue subiendo sin haber aplicado fórmulas de contención, sube el desempleo y las obligaciones sociales; tenemos una prima de riesgo cada vez más alta e indigerible presupuestariamente, un gasto corriente mantenido o incrementado, mientras se desmorona la inversión pública; no se promueven medidas de impulso a la economía, no se sanea el sistema bancario ni hay liquidez para la economía real. Y siendo cierto todo esto, ¿podemos afirmar sin temor a equivocarnos que los Presupuestos recientemente aprobados son viables, impulsan la riqueza y cumplen con la extraordinaria trascendencia y alta misión de la política económica de los Gobiernos?

Pese a los antecedentes y hechos reales adversos con los que se contaba, sin poner en duda el esfuerzo y buena voluntad, el proceso operativo no parece que haya venido marcado por el sistema mundialmente reconocido y aplicado como el mejor, el más drástico y efectivo: el Presupuesto Base Cero, ya que los acuerdos y reglamentación del Tratado de Maastricht han resultado incompletos, permisivos e ineficaces. Tampoco será posible cumplir con el servicio de la deuda ya contraída, y con los presupuestos posibles si no se emite o consigue deuda a muy largo plazo, con una economía en recesión.

Los Gobiernos, en la mayoría de los casos, no están ciñéndose con la obligada disciplina presupuestaria; esa es una de las razones de la debilidad de Europa.

9. EL EMPRESARIADO, ÚNICA SOLUCIÓN PARA EL CRECIMIENTO DE LA ECONOMÍA Y DEL EMPLEO

Expansión, 25 de mayo de 2012

En tiempo de crisis, los perdedores utilizan el tiempo buscando excusas y rechazan las soluciones que ofrecen quienes poseen un nivel de competencia superior.

La piedra angular y la solución única al crecimiento y al empleo están en el tejido empresarial. Favorecer su desarrollo mediante estímulos al emprendimiento y el apoyo financiero adecuado son condiciones imprescindibles para el bienestar general.

Con anterioridad a 2007, España venía disfrutando de la gran década del rápido crecimiento y convergencia con las economías de mayor renta per cápita de la Unión Europea, alcanzando un crecimiento del PIB superior al 0,5% de la media de la Unión. Se pasó de un déficit del 5,5% de las Administraciones públicas a un superávit del 2,4 en 2006. El fuerte crecimiento se basó en el dinamismo de la demanda interna, sostenida por la abundancia incontrolada del crédito que alimentó los beneficios del sector empresarial, las ganancias de capital y la construcción. La falta de sincronía económica de España con la política monetaria del eurosistema condujo al gran desequilibrio y al alto endeudamiento generalizado, fomentado por un sistema financiero de pésima gestión, falta de visión a medio y largo plazo y una indisciplina consentida, que jamás debe repetirse.

España está soportando un debilitamiento de la actividad económica que repercute en la desaparición de empresas, y lo que es aún peor, la destrucción ininterrumpida de puestos de trabajo, junto al deterioro del sistema financiero, motor indispensable y necesario para pasar de la recesión al crecimiento.

El deterioro de la economía ha ocasionado la pérdida, también creciente, de los ingresos públicos, que junto al endeudamiento disparatado de las Administraciones ha derivado en desequilibrios presupuestarios y financieros, viéndose obligados a recurrir a los recursos de la banca y como consecuencia a la desaparición del crédito para la economía real. La crisis de la deuda soberana ha perturbado a los flujos financieros y minado la confianza de los agentes económicos al percibirla como uno de los principales factores de riesgo. El Estado se ha visto obligado a la corrección de los desequilibrios fiscales como tarea previa y urgente.

Políticos, financieros, empresas y familias, en general, deberíamos haber tenido presente lo que Marco Tulio Cicerón advirtió 55 años a.C.: el presupuesto debe equilibrarse, el Tesoro debe ser reaprovisionado, la deuda pública debe ser disminuida, la arrogancia de los funcionarios públicos debe ser moderada y la ayuda a otros países debe eliminarse para que Roma no vaya a la bancarrota. La gente debe aprender nuevamente a trabajar en vez de vivir a costa del Estado.

Lo que dijo Cicerón hace más de 2.000 años puede servir de guía a la única solución posible: el impulso, la innovación, el desarrollo y la ayuda a la creación de empresas y a la consolidación de las que han sabido mantener su actividad durante los ya transcurridos cuatro años de una de las crisis más profundas y pertinaces. Las empresas son la columna vertebral y la única solución al crecimiento y a la cohesión económica de todas las potencias mundiales, como se ha reconocido recientemente en los debates que los líderes del grupo del G-8 mantuvieron en la residencia presidencial de Camp David, instando a combinar la política del crecimiento con la estabilidad fiscal. Los recortes de gasto y el incremento de la presión fiscal en solitario pueden ser necesarios y factibles, pero sin un proyecto estructural que propicie emprendedores, gestores y líderes empresariales solo se obtendrá más déficit, menos recaudación impositiva y más paro.

¿Hay talento suficiente en los políticos y dirigentes de la economía política? ¿Hay que cambiar las estructuras políticas de los Estados, como hay que cambiar las de la economía real? ¿Conocen que se está empezando a formar una nueva estructura global sustitutiva de la arcaica que soportamos? Con cambio o sin él, la piedra angular de la futura economía se llama tejido empresarial y el empresario también está obligado a evolucionar hacia la ética, la creatividad, la visión de futuro, la diferenciación, la organización, la especialización del equipo humano que conforma el trabajo interno, el sentido de unidad, de la expansión territorial a otros mercados, la consolidación financiera y patrimonial..., y a tener siempre presente no rebasar su nivel de competencia que establece el esquema jerárquico, tan bien definido por Laurence J. Peter.

LA URGENCIA DE CAMBIOS ESTRUCTURALES

El empresario, en muchas ocasiones, actúa con incompetencia y vanidad, frustrando a sus compañeros de trabajo, erosionando la eficiencia de la organización. Son conocidos los fracasos empresariales, incluso multinacionales, en la memoria de todos, cuyos líderes no se retiraron a tiempo dejando el mando a otros más competentes y efectivos. Sin embargo, son también muchos los bien dotados que, o no se inician en la creatividad por falta de apoyos y estímulos, o emigran a otros países cuyas circunstancias favorables y ayudas a la promoción son reales y efectivas, perdiendo y regalando al exterior el esfuerzo e inversión en la creación de valores en nuestros futuros jóvenes empresarios.

Es responsabilidad de todos, y especialmente del Estado, acometer sin demora los cambios estructurales imprescindibles e inaplazables que hagan posible la creación de nuevas empresas, y la potenciación y crecimiento de las que aún se mantienen en actividad. Para ello, ha de fluir el crédito, ha de reformarse el sistema fiscal, asimilando los gravámenes y ayudas a los existentes en los países de nuestro entorno —rechazando la demagogia de los políticos empeñados en repetir, que nuestra presión contributiva es más baja que la de nuestros vecinos— aseveración falsa de toda falsedad, y fácilmente demostrable.

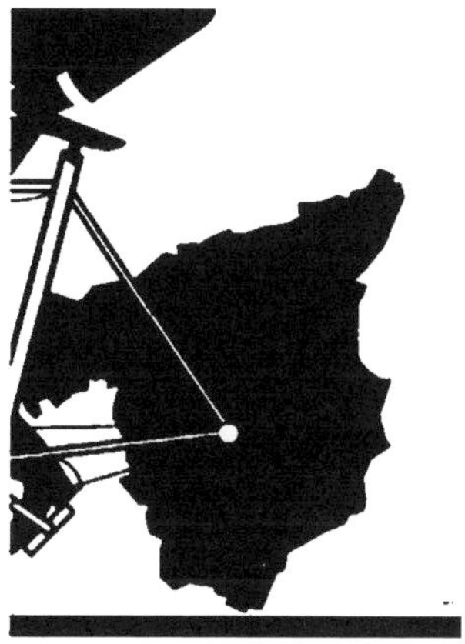

Por otro lado, nadie va a traernos crecimiento del exterior, sino que hemos de impulsarlo nosotros, analizando primero las fuentes de riqueza y experiencia regionales (agricultura y derivados industriales, mineralogía, industria, turismo, artesanía, servicios, distribución, investigación, alianzas, etc.), y colaborando a su recuperación e impulso. La exportación, única actividad que crece, necesita de financiación y apoyo, ausentes y olvidados. Los exportadores lo consiguen con esfuerzo, trabajo y sacrificio, pero sin ayuda y colaboración. Hemos preguntado a muchos si se han servido de los departamentos y agregados comerciales de las embajadas, y siempre hemos obtenido las mismas respuestas: ni están preparados para ello ni conocen bien el mercado para el que han sido responsabilizados. Se han servido de especialistas y asesores nativos. ¡Caras embajadas para tan escasos servicios!

10. ANÁLISIS, DIAGNÓSTICO Y SOLUCIONES A LA CRISIS

Expansión, 9 de junio de 2012

Nada nos pertenece en propiedad salvo nuestros valores intelectuales y morales, por tanto, trabajemos con voluntad y responsabilidad y el convencimiento de que el Estado de bienestar pleno es una quimera inalcanzable, pero nos acercaremos a él si medimos la eficacia de nuestras decisiones antes de provocarlas, y si empleamos sistemas de control independientes que aseguren su éxito.

Aún no hemos tomado conciencia nacional de la verdadera situación a que hemos llegado con el deterioro integral de la economía, dirigida torpemente y sin control, creyendo que habíamos conseguido el Estado de bienestar perpetuo. Craso error; el Estado de bienestar pleno ni existe y mucho menos se consolida a perpetuidad. Eso sí, se ha utilizado de forma generalizada y populista, practicando políticas económicas interesadas durante más de un quinquenio, a cargo de economistas de competencia muy discutible y fácilmente manejables. Permitieron una política desafortunada y perjudicial basada en una economía de conveniencia, olvidando el único buen camino a seguir: una economía inteligente para una política y una gestión seria y eficaz. Su liderazgo, no merecedor de este nombre, nos ha conducido a una crisis insostenible, a un desprestigio exterior y a una pérdida de confianza de los mercados financieros.

Una grave coyuntura, como la actual, exige un análisis exhaustivo de la misma, un diagnóstico real completo, planificar y programar un plan nacional de reformas, y proceder a la toma de decisiones urgentes que nos vuelvan al equilibrio económico, a la creación de riqueza y a la reducción inaplazable del paro.

ANÁLISIS

Hagámoslo de manera escueta por haber sido objeto de estudio a todos los niveles: basar una economía en la construcción, permitiendo un desarrollo 10 veces superior a la demanda y estimulando y consintiendo especulación generalizada. Olvidar el cumplimiento estricto de los Presupuestos del Estado, comunidades autónomas, ayuntamientos y entes públicos, asumiendo el despilfarro y las obras faraónicas no rentables y de imposible amortización (cuestión que sigue practicándose, aunque en menor cuantía). Incremento desorbitado de los gastos corrientes. Deterioro de los activos bancarios, con un endeudamiento progresivo agravado por el crecimiento de la morosidad. Relajamiento de la productividad industrial y abandono de la agricultura y derivados. Y falta de estímulo y ayuda a nuestra riqueza tradicional, muy diversa y rentable.

DIAGNÓSTICO

Caída del PIB y la demanda. Déficit de la balanza comercial. Ausencia casi total de efectivo para la economía real y familias. Importantísima desaparición de empresas. Crecimiento del desempleo. Endeudamiento desproporcionado público y privado. Crecimiento de la carga fiscal. Disminución de la recaudación impositiva. Incumplimiento de nuestras obligaciones comunitarias. Falta de transparencia y equilibrio presupuestario. Pasividad e ineficiencia de los supervisores oficiales, a pesar de la alta e indiscutible calidad de sus cuerpos de inspección del Banco de España, Tribunal de Cuentas del Estado, CNMV, interventores del Estado, inspectores de hacienda, aduanas, consumo, etc. Su independencia ha sido deteriorada y manejada por intereses políticos personales. Conclusión: crisis sistémica, financiera, recesión y paro.

PLANIFICACIÓN DE UN PLAN NACIONAL DE REFORMAS URGENTES

Analizada y diagnosticada la crisis, pasemos a la búsqueda de soluciones y adopción de medidas estructurales de apoyo y lanzamiento de la economía y la promoción de empresas, única solución para el crecimiento.

Hemos sido lentos e inconscientes dejando pasar cinco años, ignorando una crisis que pedía a gritos controles, sanciones, reformas y estímulos. Hemos aplicado teorías keynesianas no compatibles con los parámetros coyunturales actuales: promociones de obras públicas cortoplacistas, que solo han servido para incrementar el endeudamiento. Subidas de impuestos que han precipitado, aún más, la desaparición de empresas. Ha faltado decisión y autoridad para reducir el gasto público y rechazar inversiones irracionales mastodónticas y, todo ello, acompañado de una indisciplina presupuestaria a todos los niveles carente de transparencia. Visto todo lo anterior, propongamos un plan nacional de reformas urgentes:

a) Sanear los puestos de gestión que han demostrado incompetencia. Cese de los puestos innecesarios y de las comisiones asesoras no oficiales. Supresión de subvenciones y financiaciones con cargo al erario público, inmorales en determinados casos, que dañan la economía e incrementan el endeudamiento. Es imprescindible medir la eficacia de los movimientos antes de provocarlos.

b) Restablecer e independizar los sistemas de control y supervisión. Hay que reivindicarlos y dotarlos del poder de regulación que siempre tuvieron, que infundan tranquilidad y seguridad a todos los españoles. Hay que cumplir la Ley 28/1988 sobre disciplina e intervención de las entidades de crédito, y aplicar la Ley 13/1994 que faculta a incoar expedientes sancionadores y medidas de intervención urgentes.

c) Sanear las cuentas públicas y equilibrar los presupuestos, impulsando y respetando el presupuesto base 0. Necesitamos más ingenio, más profesionalidad, más esfuerzo y una renovación impulsora y promocional.

d) Establecer planes realistas de amortización de los excesos de deuda pública compatibles con las posibilidades presupuestarias.

e) Previo al Presupuesto General del Estado y con la misma base, se regulará y exigirá a las comunidades autónomas un presupuesto equilibrado en el cual se detallen los planes regionales de impulso al crecimiento, sin rebasar los ingresos. Aun siendo las comunidades autónomas instituciones deseables y reguladas en la Constitución, si alguna carece de la posibilidad de impulsar y nivelar su economía, por su propio bien y por el de todo el país, debe procederse a su rescate, anulación de facultades y retorno de competencias. Es el propio Estado quien debe responsabilizarse de su administración integral. Si una empresa no es capaz de sobrevivir, debe disolverse o integrarse en otra de gran tamaño. ¿Por qué una comunidad incapaz de ser autosuficiente y con resultados negativos debe tener privilegios a costa del resto? Nuestra economía solo saldrá de la crisis si todas las comunidades autónomas reactivan sus propias fuentes de riqueza, mantienen el gasto productivo y eliminan el superfluo.

f) Es urgente y de imperiosa necesidad sanear, regular y controlar el sistema financiero, canalizando el efectivo en el mercado nacional, olvidándose de las inversiones en deuda soberana y en el exterior. El Estado debe adoptar medidas drásticas que hagan posible el cumplimiento en España de la obligación de ejercer la banca comercial y no la de inversiones.

No debemos olvidar que, dentro del saneamiento de la banca, es necesario sacar los activos inmobiliarios altamente depreciados procedentes de la hipotecas basura, incorporados por su carácter incobrable, producto de una gestión nefasta y sin un previo análisis de riesgos, dando curso a operaciones equivocadas, sin garantía suficiente y con exposición de los depósitos de los clientes. La salida de estos activos debe ser sustituida por el equivalente en efectivo a devolver a largo plazo, o a compensar en su día con el producto obtenido de la venta, también a largo plazo, de los inmuebles cedidos. El efectivo recibido, garantizado por la propia entidad, más el valor futuro de las cesiones será obligatoriamente destinado a financiar la economía real.

La situación crítica en que nos encontramos solo encontrará salida si se rescata el sistema bancario, pilar básico de todo desarrollo económico y si se lleva a cabo con extrema rapidez. A partir de ahí el tejido empresarial se responsabilizará del crecimiento de nuestra economía.

Por último, el rescate del sistema financiero ha de venir del exterior, vía Fondo Monetario Internacional y Banco Central Europeo. Los recientes contactos de Mariano Rajoy con Ángela Merkel, de Luis de Guindos con el ministro alemán Wolfgang Schauble y de Sáez de Santamaría con Timothy Geithner, secretario del Tesoro de EE UU, pueden ser la vía adecuada para la solución de nuestro sistema financiero. Christine Lagarde, que también se entrevistó en Washington con Sáez de Santamaría, ha abierto la puerta a la consideración de esta posibilidad. Siendo España un porcentaje muy significativo en el PIB de la Europa comunitaria, podría poner en peligro al euro y a la propia Unión. Bruselas y en especial Alemania no lo permitirán, terminadas las medidas de ajuste exigidas.

11. POSICIÓN CONTABLE REAL PRIMERO, DESPUÉS ASISTENCIA FINANCIERA

Expansión, 13 de junio de 2012

Quien quiere pedir ayuda encuentra el medio, pero no merece recibir nada si no es veraz y ofrece el fiel reflejo de su posición. Si oculta o desvirtúa la verdad, con independencia del fracaso, demuestra irresponsabilidad, ignorancia y falta de escrúpulos.

Luca Pacioli (1445-1517), llamado Luca di Borgo, fue un matemático italiano y el escritor del primer tratado sistemático de la contabilidad por partida doble que expone por primera vez cómo se deben llevar los libros contables y que, a pesar de los sucesivos avances de la mecanización e informatización, se sigue manteniendo el principio de a todo deudor corresponde un acreedor y viceversa... Si Pacioli volviera a la vida en estos turbulentos tiempos de irresponsabilidad, de ignorancia y de falta de escrúpulos con que se adornan determinados gestores, consejeros y directores generales de algunas entidades financieras, escandalizado, volvería sin perder un minuto a la paz de que seguro disfruta desde hace más de cinco siglos. La contabilidad que toda empresa pública o privada tiene la obligación de llevar al día debe ser fiel reflejo de toda su actividad, y ofrecer en todo momento su situación patrimonial real, económica y financiera, indispensable para el desarrollo del fin para el que se ha creado; además, debe ser siempre transparente. Si no cumple con estos requisitos o existe incompetencia, negligencia o se pretende ocultar una gestión cuando menos reprobable.

Para cualquier observador y para los propios mercados, resulta sorprendente que los balances de un determinado número de entidades de nuestro sistema financiero sigan sin ser fiables a pesar de contar con expertos de alta profesionalidad en todos los organismos oficiales de vigilancia y control, y contar igualmente con censores jurados de cuentas y auditores de prestigio probado y de legal y obligada actuación. Algunos gestores han convertido la contabilidad en materia moldeable y al servicio de intereses oscuros, olvidando que debe recoger con exactitud cada operación, indispensable para la toma de decisiones y el fiel cumplimiento de los presupuestos y proyectos.

CONTABILIDAD INCOMPLETA

En el caso de alguna de las entidades bancarias, la contabilidad generalmente es incompleta, sin respeto a los principios técnicos básicos y en algún caso falsa. Si a ello añadimos que las auditorías y los órganos de control y supervisión han ejecutado su trabajo ciñéndose solo a los documentos parciales presentados, incluso sesgados u ocultados, el resultado en determinados casos es el desconocimiento absoluto tanto de su posición patrimonial como de la económico-financiera.

Resulta triste y grotesco que con la excelente profesionalidad de nuestros inspectores a todas las escalas, y ante la desconfianza del BCE, del FMI y de la propia Bruselas, hayamos tenido que sometérnos a los test de estrés y a las valoraciones que asesores técnicos independientes exteriores (Oliver Wyman y Rolando Berger) están llevando a cabo en nuestras instituciones financieras. Desconfiamos, sin embargo, que dado el corto espacio de tiempo —terminan antes del final de mes según las previsiones— y la complejidad contable, lleguemos a conocer con exactitud un balance creíble de la situación. Lo anteriormente expuesto explica la amplia diferencia que existe entre los 40.000 y 100.000 millones de euros que se estima que alcanzarán las necesidades de nuestras entidades bancarias para salir de su crisis. Es claro que los gestores o no han sabido o no han querido precisar con exactitud no solamente el valor de sus activos, sino el de su pasivo exigible. Es el caso de la memoria de algunas entidades, absorbidas o desaparecidas, cuyo estado de cuentas sigue sin el debido conocimiento público.

Es triste que con la excelente gestión económico-diplomática que recientemente han mantenido nuestros gobernantes (Mariano Rajoy, Luis de Guindos y Sáez de Santamaría) en Alemania y en EE UU, y tras conseguir un préstamo de hasta 100.000 millones de euros, sigamos inmersos en la duda e inseguridad de nuestras cuentas bancarias y en la desconfianza de los mercados y bancos centrales.

El préstamo para la regeneración financiera —siendo su obtención un éxito— no deja de suponer, si se alcanza el tope máximo (en torno al 10% del PIB español), cierto riesgo para el Estado el impago del mismo, al responsabilizar al Fondo de Reestructuración Ordenada Bancaria (FROB) de la distribución a cada una de las entidades bancarias deficitarias. También asume el del pago de los intereses a los fondos europeos, que formarían parte del déficit público en el capítulo de intereses de la deuda.

Al desconocer la posición de algunos de los balances y la cuantía a que ascenderá su regeneración, surge la duda fundada de si una vez concluida la ardua tarea fluirá el dinero a la economía real como único camino para iniciar la salida de la crisis. Solo un camino debe seguirse en la gestión del FROB: exigir y analizar los balances e informes necesarios de cada entidad solicitante, calcular la cantidad necesaria a prestar para regularizar su desequilibrio y que permita el normal desenvolvimiento de la actividad crediticia como único objetivo; que cada operación sea supervisada, controlada y autorizada por la inspección técnica del Banco de España, de probada competencia, preparación, experiencia e independencia. Cualquier otro organismo, comisión o controlador debe ser desechado, y que se certifique en el informe final que los activos dañados y la morosidad excesiva han sido resueltos o provisionados.

Solo así, y sin que la banca haga aplicaciones de los fondos europeos recibidos a otras coberturas oficiales ni se destinen a fines en el exterior, podremos empezar a confiar en el despegue de nuestra economía real y nos pongamos todos a trabajar y colaborar para un solo fin: la competitividad, la innovación, la internacionalización, la creación de empresas y la reducción drástica del desempleo. El futuro solo será el resultado de nuestra voluntad de trabajo e inteligencia, sin olvidar ser intolerantes con la corrupción, la mentira y el despilfarro. Solo con transparencia eliminaremos la inmoralidad.

12. LA NATURALEZA CAMBIA, LA INTELIGENCIA HUMANA NO

La Verdad de Murcia, 25 de agosto de 2012

“La pereza viaja tan lenta que la pobreza no tarda en atraparla”, sentenciaba Benjamín Franklin. Urge salir del letargo imperante abriéndonos a ideas renovadas, implantándolas y trabajando por la unión de todos para el bien de todos.

La responsabilidad depositada en un solo líder está trasnochada, debe ser rechazada y sustituida por el gran cambio: la unión de todos para el bien de todos. La conclusión reciente basada en las investigaciones llevadas a cabo en la Antártida por los científicos, después de importantes perforaciones prospectivas, es que hace 15 millones de años la gélida superficie actual estaba formada por bosques, a la vista de las pruebas que así lo atestiguan. Por lo tanto, su desaparición ocasionada por el cambio climático permanente parece que se está invirtiendo hacia un nuevo calentamiento que, por contagio, llegará al Ártico. Si todo eso es cierto, la naturaleza nos brinda un ejemplo, la necesidad del cambio para sobrevivir.

Los humanos, más torpes que la propia naturaleza, nos empeñamos en aferrarnos a la pasividad y defendemos nuestros propios fracasos; despreciamos el colectivismo para el bien recíproco y apoyamos el individualismo personalizado egoísta, pretencioso y destructivo. En los desastres ocasionados por las crisis que ha habido en el mundo, desde la tristemente célebre de los años treinta, hemos esperado el advenimiento de un gran líder que nos sacase de ellas. Nunca se hizo esfuerzo alguno para que individual y colectivamente construyésemos un futuro mejor, un cambio necesario en el que nos implicásemos todos rechazando un nuevo salvador, lo que irremediablemente nos conduciría a una nueva y aún más grave crisis. El futuro solo está en la unión por el bien colectivo con exclusión absoluta del individualismo, y en establecer los nuevos valores y principios que cambien y renueven las estructuras actuales por las que promuevan el bien común. La creación de riqueza solo se debe promover si beneficia a la colectividad, y esta debe ser la única y obligada filosofía del tejido empresarial como responsable del bienestar general.

Si este es el verdadero objetivo, la responsabilidad depositada en un solo líder está trasnochada, debe ser rechazada y sustituida por el gran cambio: la unión de todos para el bien de todos. La verticalidad del liderazgo, que siempre resulta egoísta, partidista y lesiva dentro de un sistema democrático autoritario generalizado, como el que contemplamos en Europa, ya no es de recibo; sin olvidar la influencia nefasta de los mercados financieros todopoderosos, que manejan con absoluta impunidad el crecimiento o recesión del país seleccionado. Ha triunfado la economía globalizada de crecimiento incentivado y dirigido, con riesgo desestabilizador, con pérdida de mercado y de contagio inevitable. Urge salir del letargo imperante, buscando alianzas de efecto de colaboración recíproca.

Así como las empresas gestionadas con criterios personalistas se estabilizan para posteriormente autodestruirse, España forma parte de una Europa estabilizada sin crecimiento y desunida por no haber sabido estructurar su propia unidad política y económica. Tampoco ha sabido encontrar su propio cambio hacia nuevos objetivos, y desde la centralización no ha conseguido una verdadera unión para el bien común. Ha perdido demasiado tiempo dejando

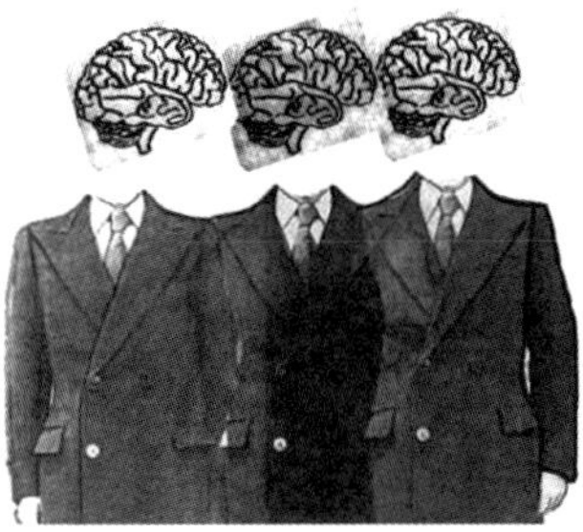

el camino expedito para que otras fuerzas económicas hayan comenzado la unión con ideas renovadas de libre comercio, alejándose de una Europa estancada, con problemas candentes de deuda que pueden ser objeto de contaminación.

El ejemplo del razonamiento anterior lo tenemos en el recién creado Foro de las Economías Emergentes de Asia-Pacífico, como un nuevo motor de crecimiento y barrera frente a la crisis europea de muy lenta recuperación. Esta nueva superpotencia, compuesta principalmente por Canadá, China, Rusia, Australia, EE UU y Japón, ha propuesto los pilares básicos entre los que se encuentran los siguientes: apoyar las políticas de innovación integrada, el desarrollo de buenas prácticas comerciales dentro de un mercado no proteccionista, incentivar las exportaciones simplificando trámites aduaneros y barreras comerciales, un claro apoyo a las empresas de tecnología, y la incorporación de estrategias para reducir el consumo energético mediante infraestructuras inteligentes. Otra propuesta de aceptación unánime fue la reducción de las tarifas arancelarias a partir de 2015. Si el Foro triunfa, alterará incluso el tráfico marítimo, revalorizando el estrecho de Bering en perjuicio del de Panamá, cuyo nuevo rumbo evitará más de 4.000 kilómetros por trayecto.

Europa, por tanto, está presa de una débil unión, que de no enmendarla con urgencia se quedaría en solitario, puesto que no gozaría de las ventajas de la zona ni de facilidades en los mercados financieros.

Si no se acomete un profundo cambio inteligente y generoso hacia la unión, olvidando que todos somos imprescindibles y que las decisiones deben plantearse de abajo hacia arriba mediante creatividad, volveremos al esfuerzo por la riqueza promovida por el egoísmo de unos líderes lentos y faltos de ideas.

13. EMPRESA-ESTADO, SIMILITUD ECONÓMICA

Expansión, 13 de junio de 2012

Poner las cosas en orden siempre lo pregonan los que pretenden ponerlas bajo su control. Rechacémoslos y apoyemos a los que poseen la capacidad de construir una economía previsora, justa, creativa y ausente de ideologías.

Para encontrar una solución definitiva a la gravísima coyuntura económica que envuelve a España, hemos de partir, de forma escueta, de los motivos que la ocasionaron y de un diagnóstico concreto, realista y exento de ideologías políticas, que hagan posible establecer y aplicar con urgencia las soluciones viables, tal vez únicas, que hagan posible el crecimiento económico, el cumplimiento de los Presupuestos Generales del Estado, la disminución progresiva del desempleo y la amortización del endeudamiento insoportable que nos hemos creado entre Estado, comunidades autónomas, corporaciones locales, sistema financiero y familias. Una política económica a todos los niveles nefasta, que ha olvidado el ejercicio de una economía política previsora, justa, inteligente y ausente de ideologías, que ha sido el motor de un desequilibrio de magnitud hasta ahora desconocido.

Un sistema económico basado casi exclusivamente en la construcción, alimentado financieramente con extrema generosidad y falta de control, y un desprecio y abandono de los sectores industrial y agrícola tenía que conducirnos a un debilitamiento progresivo de la actividad económica, reflejada en el cierre de empresas, el crecimiento del paro, la casi paralización del flujo financiero, el endeudamiento público y el descenso de la recaudación fiscal.

Nuestro déficit público supera los 950.000 millones de euros, cifra que acumula los más de 425.000 millones contraídos en los cinco últimos años y que sigue aumentando por un gasto muy por encima de los ingresos y una acumulación de intereses (prima de riesgo) excesivos al haber perdido la confianza de los mercados financieros. Sanear las cuentas públicas, construir unos presupuestos reales y equilibrados que deben incluir los planes realistas de amortización de nuestro endeudamiento, depurar y reconducir el sistema bancario hacia la que debe ser su actividad comercial, abandonada en gran medida, y crear las normas imprescindibles para volver al crecimiento de la riqueza por la única vía posible, el tejido empresarial, es la gran tarea responsabilidad de todos.

Es incuestionable que debemos introducir las reformas necesarias en nuestro sistema fiscal que posibiliten al empresariado en activo y a los emprendedores y creativos diseñar y acometer nuevos proyectos renovadores, diferenciados y competitivos. Son necesarias medidas de protección al ahorrador para que revierta en beneficio de la economía real. Hay que supervisar el mercado energético, liberalizándolo y resolviendo racionalmente el tan manido déficit tarifario por el único camino posible, las emisiones de capital necesario para compensar la supresión de las subvenciones estatales, y proseguir con las energías renovables necesarias, pero no soportadas en los recibos del consumidor, medida imprescindible para alcanzar la competitividad en los mercados exteriores. No culpemos ni hagamos responsables del déficit a las empresas y a las familias; la verdadera responsabilidad corresponde a los gestores de las empresas energéticas que emprenden y amplían actividades sin la capitalización necesaria y suficiente, olvidando los mercados bursátiles.

Igual que una empresa bien gestionada controla su endeudamiento y cuenta de pérdidas y ganancias para evitar una situación irregular que pueda ser irreversible, el endeudamiento público y su correlación con el cumplimiento estricto presupuestario, evitando déficit progresivo e incontrolado, debe ser una tarea de obligado cumplimiento en la gestión económica de todo responsable político. Pero, además, de producirse el déficit, se debe planificar y acometer un proceso de estímulo de la actividad económica real capaz de generar la riqueza necesaria para amortizarlo mediante el crecimiento de los ingresos públicos.

El escenario en el que nos encontramos es un endeudamiento, cuya cuantía impide su amortización en los plazos corto y medio, agravado por la acumulación de intereses generados por tipos inasumibles; un presupuesto deficitario con gastos que superan el doble de los ingresos; ausencia de nuevas empresas y de crecimiento de las activas; un desempleo que alcanza niveles muy preocupantes; falta de flujo financiero y una imperiosa necesidad de adelgazamiento del gasto público. Todo ello ha conducido al convencimiento de un rescate urgente, a pesar del rechazo de ciertos sectores que siguen negando su necesidad.

Tal vez por ello, y porque Bruselas lo exigía, se pusieron en marcha medidas impopulares de recorte en el gasto e inversiones, que vienen ocasionando protestas ininterrumpidas; y una subida de impuestos que no ha logrado el crecimiento de la recaudación, sino todo lo contrario, ya que no se acometen reformas estructurales que faciliten el crecimiento de la actividad económica. Ejemplo de ello han sido la bajada de la remuneración de los funcionarios, la subida de tasas en la enseñanza, el control farmacológico y el copago del mismo, la subida de impuestos directos e IVA, entre otros varios, y la drástica supresión de importantes inversiones públicas. No debemos olvidar que aún quedan recortes en determinados sectores, en muchos casos innecesarios o duplicados. A pesar del esfuerzo, el déficit sigue creciendo por falta de ingenio y decisión en la toma de medidas que faciliten el crecimiento de la riqueza nacional.

El rescate solo será efectivo si cubre la cifra total de endeudamiento, si el interés es aceptable y si el plazo de amortización es lo suficientemente largo para que la cuantía de devolución anual pueda asumirse por los sucesivos Presupuestos Generales. En caso contrario solo hay un camino que haga posible el crecimiento: la emisión de deuda perpetua o a un plazo no inferior a 25 años (no ocultamos la dificultad de su viabilidad). No podemos permitirnos no reconocer la necesidad del rescate, pero en las condiciones mencionadas anteriormente y acompañado del saneamiento de la banca y del flujo del crédito. La falta de decisión y del alargamiento en el tiempo nos situará en manos de nuestros acreedores y sin posibilidades de autogobernarnos. El reciente acuerdo del Fondo de Rescate Europeo cuadruplicando sus reservas hasta dos billones de euros podría hacer viable la solución a nuestro problema, puesto que se crea para el rescate integral de Italia y España.

14. LA ECONOMÍA SURREALISTA Y LA ECONOMÍA REAL

Expansión, 9 de octubre de 2012

Lo que hagamos hoy, lo disfrutaremos mañana. No admitamos que la política someta a la economía, ni que impere la desunión política y la descentralización incontrolada. La libertad mal entendida solo lleva al fracaso y a la pérdida de bienestar social.

Frases huecas y sin contenido real han invadido la noble e imprescindible ciencia de la economía. La estructura económica de un país necesita de profesionales no solamente bien formados, sino dotados de ingenio, ideas realistas y visión de futuro. Los hay, pero debe practicarse economía política, abandonando la práctica de una política económica personalizada. Se necesitan políticos al servicio del crecimiento del consumo, de la creatividad diferenciada, de la protección y estímulo de la competitividad, del ahorro privado, de un sistema financiero saneado y al servicio del mercado, no al de la inversión improcedente e incontrolada, sometida a las turbulencias y a la inestabilidad. La banca tradicional existió y es importante recuperarla.

La política somete a la economía y elige con frecuencia asesores que, conocedores del pasado, se empeñan en aplicar soluciones tradicionales a las crisis, obviando las causas que las provocaron y los cambios radicales que impone la globalización y la avidez de enriquecimiento rápido e inestable.

La nueva terminología genérica e imprecisa, carente de soluciones eficaces, es exclusivamente una solemne cortina de humo que oculta la incapacidad creativa y el pernicioso paso de tiempo estéril. Se acuñan frases y conceptos que repiten los medios y que son generalmente aceptados, por ejemplo: reformas estructurales, se llevarán a cabo recortes, el presupuesto obedece a un objetivo, es necesaria la consolidación fiscal, hemos establecido la hoja de ruta, etc. Estas frases surrealistas merecen explicar su contenido, finalidad y aplicación y qué resultados justificados se obtendrán. ¿Acaso es posible la consolidación fiscal manteniendo la desunión política y la descentralización económica?

Pero toda crítica, siempre fácil, no es válida si no va acompañada de soluciones viables y con factor de sostenibilidad. Para cumplir con las recomendaciones de la Comisión Europea y por la necesidad imperiosa y urgente de reactivar la economía real, solo posible por la vía de los empresarios, emprendedores e investigadores, expongamos propuestas de colaboración y apoyo como base de lanzamiento; si bien, no debemos olvidar que toda ley debe promulgarse si contiene viabilidad y eficacia, si se eliminan personalismos y emociones, y si se posee capacidad de escuchar a quienes cuentan con experiencia probada en cada uno de los sectores económicos de la geografía nacional.

IMPULSO EMPRESARIAL

El Ministerio de Economía está preparando un programa de impulso a la reactivación, que debió emprenderse en el segundo semestre de 2008, o al menos en paralelo a la aplicación de los llamados recortes, iniciados en la legislatura anterior e intensificados en la actual. El proyecto, que abarca 43 nuevas leyes, estimamos que contiene siete esenciales destinadas al impulso empresarial: plan de emprendedores, programa de unidad de mercado, Agencia Estatal para la investigación, Consejo Asesor de ciencia, tecnología e innovación, reforma de las Cámaras de Comercio, apoyo a la internacionalización y creación del Secex. Merece destacar la Ley de mercado único que la Secretaría de Estado de Comercio del Ministerio de Economía tiene prácticamente terminada. Su aplicación requiere derogar normativas en vigor, tanto estatales como autonómicas y locales (dolorosas para algunos de ellos, pero necesarias); la unidad de mercado nacional facilitará la constitución y puesta en marcha de negocios, que hasta ahora dificultaban y retrasaban su apertura, ya que España era la menos ágil de la Unión Europea. El objetivo de garantizar la libre circulación de cualquier producto y su acercamiento al consumidor sin ser obstaculizado por la diversidad de normativas regionales es prioritaria y urgente, y supone un acierto de innovación legislativa que resolverá importantes problemas a las empresas.

El fomento de la exportación era otro de los objetivos a poner al servicio de las empresas, cuya nueva entidad se llamará Secex (Agencia de la Internacionalización), en la que esperamos que se incluyan en su organigrama los agregados comerciales de todas nuestras embajadas en el exterior. Deberá dotarse a estos departamentos del equipamiento necesario para poner al servicio de la expansión internacional, los estudios de mercado y la gestión indispensable para una colaboración eficaz.

El esfuerzo, la creatividad, la innovación y la investigación, tan necesarios para la competitividad y la internacionalización, han de ampararse en su correspondiente patente, registro o marca, pero el plagio y la usurpación son hechos que se dan con demasiada frecuencia por falsos emprendedores sin escrúpulos. Esta mala práctica debe ser perseguida y castigada enérgicamente, porque es simple y llanamente una apropiación indebida. Es necesario establecer tribunales especializados y rápidos, pues en la mayoría de los casos las sentencias llegan tarde y en muchos de ellos los daños causados son irreparables.

Todo emprendedor necesita de asesoramiento y ayuda, especialmente los nuevos autónomos y pequeños emprendedores. Esperemos que en el nuevo plan de emprendedores, que se espera entre en vigor en el primer trimestre de 2013, se incluya la solución a este problema. Una de las soluciones pudiera ser la constitución de Comités de Asistencia y Asesoramiento, integrados en las Cámaras de Comercio (puesto que son entidades de derecho público), que periódicamente se reunieran para cubrir la función mencionada al principio de este apartado. En cada Comité debían integrarse, al menos, un miembro del Colegio de Economistas, un empresario de probada y amplia experiencia, un representante de la Secretaría de Estado de Comercio y uno de Industria. Todos ellos deben poseer criterio de equidad, capacidad de escuchar y convencimiento de ayuda.

Un estímulo indispensable, ya practicado en otros países, es la exención fiscal integral durante los dos primeros años en la implantación de nuevas pequeñas empresas y autónomos, obligándoles a incorporar todos sus trabajadores de los incluidos en la lista del paro. Terminado este espacio de exención volverán al régimen fiscal normal y a la cotización laboral.

Todos debemos unirnos para que el programa de reformas se consolide con la máxima urgencia, y trabajemos sin descanso por la prosperidad y la consolidación de lo que es verdaderamente el Estado de bienestar: una sanidad, una educación y unas pensiones dignas y acordes con la creación de riqueza.

15. MÁS Y MEJOR CONTROL EN LA ACTUACIÓN IRREGULAR Y COMPETENCIA DESLEAL

Expansión, 18 de octubre de 2012

Nada más peligroso que un ignorante plagiador es apropiarse del talento y obra de un creativo, investigador o artista. Solo el control y una ejemplar condena pueden frenar una práctica tan desleal como repulsiva.

El comercio y tráfico internacional por vía marítima ha sufrido una importante caída a partir del año 2008 ocasionada por la crisis global y nacional, provocando un descenso en los tonelajes de mercancías transportadas y la supresión, por las compañías navieras, de algunas líneas por falta de rentabilidad. Los efectos del vertiginoso descenso se han manifestado en el transporte de petróleo y en el de materias primas, pero en mayor magnitud en el sector manufacturero mundial. En España, con un creciente descenso del consumo, el sector industrial está pasando su peor coyuntura, solo superable con esfuerzo, tesorería y tiempo.

Sin embargo, la competencia desleal, el plagio y la debilidad del control en la entrada de mercancías irregulares a que nuestro mercado nacional se ve sometido merman nuestro crecimiento y nuestro PIB. El reto del sector industrial no es solo luchar para superar la crisis, que con creatividad, investigación y productividad, cualidades que posee todo buen empresario, se consigue, sino también para aunar energías que combatan la competencia desleal. Si no se logra, el desarrollo continuará frenado y la libre competencia del mercado seguirá siendo inexistente. Esta última está mediatizada por la práctica totalmente irregular procedente del mercado exterior, e incluso del interior.

¿Cuáles son los problemas con los que se encuentran la industria y los importadores españoles frente a los importadores ilegales? Trabajos de investigación con ayuda de expertos especializados y análisis de diversos contenciosos, algunos importantes, avalan la ilegalidad de actividades de distribución que impiden el normal desenvolvimiento de una buena parte de nuestra industria, que reclama un mayor y exhaustivo control de las normativas comunitarias y de las entradas de productos que carecen de la calidad y seguridad exigidas, y a precios sin competencia, por: 1) ser flagrantes copias, muchas de ellas registradas o patentadas; 2) carecer, en su fabricación, de los costes de investigación e innovación y 3) evitar o minorar los impuestos de arancel, IVA, y anti-*dumping*.

Es necesario resaltar la ejemplaridad, colaboración y rapidez de la Policía judicial, pero los procedimientos contenciosos posteriores son muy lentos y las soluciones llegan tarde, perdiendo toda eficacia y ocasionando perjuicios irreparables a nuestras empresas.

Los puertos de destino de las mercancías procedentes del exterior se descargan principalmente en Valencia, Algeciras, Barcelona o Bilbao; pero pueden descargarse en otros puertos de la Unión Europea como Nápoles, Amberes o Róterdam, entre otros. Una vez descargadas, a las mercancías hay que asignarles un destino aduanero, que puede ser: a) despacho a consumo, con el pago de todos los impuestos y el cumplimiento de todas las disposiciones legales de calidad y seguridad; b) despacho a libre práctica, en el que solo se pagan los impuestos aduaneros, no el IVA, y también con el cumplimiento de las disposiciones legales de calidad y seguridad; c) en tránsito para su despacho en otras aduanas a petición de los titulares; d) introducción en los locales autorizados de depósito temporal, donde el plazo de permanencia para el despacho es entre 20 y 45 días dependiendo del medio de transporte usado; y e) introducción en un depósito aduanero hasta que el propietario de la mercancía lo solicite, sin que exista plazo de permanencia para despacho. Cuando no se despachan en los plazos determinados, o son rechazadas por los servicios de SOIVRE, Sanidad o Fitosanitario, han de devolverse a origen o abandonarse a favor de la Hacienda Pública o destruirse.

Para que los inspectores del servicio de Aduanas autoricen la disposición definitiva de las mercancías, tendrán que unirse al DUA (Documento Único Aduanero) los certificados expedidos por los servicios de SOIVRE, Sanidad y Fitosanitario, responsables de controlar el cumplimiento y garantía de la calidad de los productos y la seguridad sobre las personas y normas sanitarias. Cumplido el expediente, a los DUA se les asigna, según criterio de la Administración de Aduanas, uno de los tres circuitos siguientes: verde, en el que se dispone de la mercancía inmediatamente; naranja, en el que la aduana comprueba todos los documentos unidos al DUA, o rojo, de obligada comprobación documental y reconocimiento físico de la mercancía. Con independencia existen los servicios inspectores de Consumo, que dependen de las comunidades autónomas, que actúan en los locales de los mayoristas y minoristas de su demarcación territorial.

Estudiando los fallos y deficiencias de los sistemas de despacho aduaneros y paraduaneros, nos encontramos con el muy escaso número de funcionarios para la gran tarea a desarrollar como la detección de posible manipulación de facturas, documentos y mercancías sensibles que necesitan controles por plagio de diseño y marcas, dificultad de revisión de la mercancía hasta el fondo del contenedor donde se ocultan las irregularidades, declaraciones falsas reseñando partidas arancelarias distintas a las que corresponden que no precisan controles, consiguiendo que el sistema les asig-

ne circuito verde, etc. En Madrid, salvo modificación reciente, hay solo dos inspectores en el recinto aduanero para reconocimiento físico y uno para controlar los cerca de 40 depósitos aduaneros, y en Valencia idéntica plantilla, pero con 200 depósitos aduaneros. Por ello, el reconocimiento físico no alcanza el 10%, debido a la gran carga de trabajo y la dificultad de desempeñarlo adecuadamente.

Para corregir estas prácticas es necesario aumentar el número de funcionarios, tanto del SOIVRE como de Aduanas. Son muy pocos los destinados a este fin, sirva de ejemplo el volumen de trabajo y numero de despachos al año que se emiten desde Valencia, 400.000 aproximadamente, y más de 200.000 contenedores en Madrid Puerto Seco, que transportan, en la mayoría de los casos variedad de productos, sujetos unos a inspección y otros no, presentando miles documentos de despacho. Igualmente deben incrementarse los inspectores de Consumo de las comunidades autónomas por las mercancías que han podido sustraerse a los controles anteriores y también para el control de mercancías tramitadas irregularmente desde puertos comunitarios, que inciden en nuestra economía negativamente.

Es necesario y urgente este incremento de inspectores, que lejos de ser una carga presupuestaria, propiciará más recaudación fiscal y una colaboración eficaz al desarrollo y crecimiento del sector industrial, y de la economía en general. Esta sí es una reforma estructural de la máxima importancia.

16. SAREB, UNA SOCIEDAD MUY PECULIAR

Expansión, 30 de octubre de 2012

La planificación a largo plazo no es pensar en decisiones futuras, sino en el futuro de las decisiones presentes.

Desde hace demasiado tiempo y con una lentitud imperdonable, procedente de una política económica dubitativa y mediatizada, se va a presentar la solución que, previos largos periodos de hipótesis y dudas, se considera más idónea. Sabido es que largos años promoviendo una construcción impulsada por la especulación con un claro desequilibrio construcción-demanda, no podía tener otro fin que la enorme burbuja inmobiliaria, principal origen de la gigantesca crisis económica y financiera que venimos padeciendo.

Los activos de cada una de nuestras entidades financieras integran inmuebles adjudicados procedentes de operaciones de préstamos fallidos o de muy difícil recobro, por ausencia del control de riesgos y de regulación, vigilancia e inspección de los entes supervisores. Estos inmuebles, en un mercado sin demanda, se han visto depreciados y sin prácticamente salida. La valoración de estos activos obliga a la banca a proceder a su liquidación a precios inaceptables, que dañan seriamente sus balances. Por un lado, surgiría para la banca comercial una actividad (la gestión de activos inmobiliarios) ajena a la habitual, cuya licencia poseen, sin olvidar que su equipamiento humano carece de experiencia y preparación, practicando, por otro lado, competencia desleal al sector de la construcción y a su propia clientela.

Comercializar directamente tan importantes y depreciados activos acumularía aún más pérdidas, necesitaría años para su regularización e impedirían la financiación de empresas y familias. En resumen, la recesión, el PIB y el ahorro seguirían decreciendo, el comercio exterior, perjudicado, y la recaudación fiscal en caída libre.

Solo existía un camino: la asistencia financiera necesaria para reforzar el capital y sanear los balances del sistema bancario, básico para iniciar el crecimiento económico, si viene acompañado del análisis e impulso de nuestra riqueza diversa, abandonada torpemente por la especulación inmobiliaria.

Eliminando las desacertadas expresiones: banco malo, activos podridos o activos tóxicos, entre otros, bastante lesivos, ha llegado el momento tan esperado como deseado de que se ponga en marcha un ente que se denominará Sociedad de Gestión de Activos procedentes de la Reestructuración Bancaria, de nombre oficial Sareb, de duración máxima 15 años. No será una sociedad de liquidación, sino exclusivamente de gestión y por tanto no será dotada de licencia para el ejercicio de banca comercial ni de administración de activos de terceros. Su actividad, independiente de la misión encomendada, tendrá también como objetivo el beneficio, como cualquier otra sociedad anónima. Al menos esto es lo que se desprende de las diversas manifestaciones y comunicaciones del Ministerio de Economía. El modelo nórdico en la década de los noventa, e irlandés, puesto este último en práctica hace tres años por su anticipación y transparencia, debería haberse acometido en España en su día y la reactivación del crédito podría haberse producido ya.

Expuesto lo anterior, resulta ineludible formular preguntas, analizar repercusiones y tomarnos la libertad de sugerir propuestas que puedan ayudar al mejor éxito de la Sareb, al saneamiento de los balances bancarios, al crecimiento de la economía real y a la creación de puestos de trabajo.

Si la Sareb es, como se anticipa, una sociedad mercantil con ánimo de lucro, y no una gestora inmobiliaria sin él, como debería ser y con una limitación de tiempo no inferior a 25 años equivalente al plazo normal de una hipoteca —la urgencia en la venta de los activos es un error—. Si el precio de incorporación de los inmuebles al balance de Sareb se estableciese obligatoriamente por el Banco de España (FROB), como asimismo su selección, quedaría eliminada la libertad operativa de compra en el seno de la Sociedad, ya que la imposición conjunta del BCE, CE y el FMI y la sumisión a las valoraciones a la consultora Oliver Wyman eliminan las facultades de estos actos a los órganos de gestión de la nueva sociedad, y por tanto, difícil será conseguir cubrir libremente el 55% del capital que generosamente cede el Estado, quedándose como minoritario, pero con derechos y facultades que merman los de la mayoría. La cobertura de la suscripción de terceros solo se conseguirá mediante otras compensaciones. Si, además, la rápida venta de los inmuebles es otra imposición, la promoción de una sociedad gestora resulta cuando menos peculiar y excluida del sistema de libertad de mercado.

El gran volumen de activos adquiridos (se estima en 60.000-70.000 millones de euros) a precios actuales en un mercado casi paralizado y su rápida salida al mismo puede provocar: a) una disminución del no exigible en el balance de los bancos, con su correspondiente pérdida de cotización bursátil; b) una necesidad de tesorería compensatoria por la depreciación en la valoración de los inmuebles cedidos —solo se recibiría el precio tasado por la consultora Wyman—; c) una repercusión muy negativa en el sector inmobiliario; d) unos efectos paralizantes de estos activos en los bancos sanos, que deberán reajustar a la baja sus ofertas, o paralizarlas; y e) un posible retraso de la recuperación económica.

¿Se ha elegido la mejor solución entre las variantes del abanico disponible? Tal vez el programa y el contenido de las normas que se hayan comprendidas en el Decreto-Ley requerían más y mejor estudio, y la obtención de un mejor acuerdo con Bruselas.

17. IMPULSO A LAS PYMES O RECESIÓN

Expansión, 16 de noviembre de 2012

Nunca sabrás si tu idea es buena si no la pones en práctica y dejas pasar el tiempo.

Si es original mantenla en secreto hasta obtener la patente. El plagio siempre está al acecho.

Sabido es que la actual coyuntura económica es de alarmante gravedad. La desaparición de empresas, la deslocalización de las mismas, el alto crecimiento del desempleo, el déficit del sistema financiero y el desajuste competitivo de la productividad nos han llevado a una reducción progresiva del consumo, a un déficit presupuestario y a un descenso de la recaudación fiscal.

Capítulo aparte, pero de vital importancia, es el crecimiento de la competencia desleal, del plagio y la entrada de mercancías irregulares a nuestro mercado nacional, mermando nuestro crecimiento y el PIB.

Hay que estudiar y poner en práctica con urgencia un proceso de estímulo a la economía real que haga posible la disminución progresiva del desempleo, el crecimiento de la riqueza y la nivelación presupuestaria. La subida de impuestos, los recortes necesarios del gasto, no acompañados de estímulos, y la carencia de una sabia reforma estructural de la economía política solo conducen a la recesión y al empobrecimiento.

Nuestros Presupuestos Generales del Estado para 2013 en su introducción plantean disminuciones porcentuales, tal vez por imposiciones comunitarias, que empeoran las posibilidades de crecimiento. En las políticas del empleo (punto 2.8) se observa un decrecimiento del 34,6% con respecto a 2012, y en políticas de Comercio, Turismo y pymes (punto 2.16), un descenso del 18,8%. Con relación a las pymes se establece una dotación de 145,37 millones para apoyo de las mismas, a todas luces insuficiente, a pesar de que se contemplan para esta dotación programas de iniciativa emprendedora, de creación de empresas, de apoyo al emprendimiento universitario, la creación y consolidación de *clusters* con capacidad innovadora y proyección internacional, y el apoyo a las pequeñas y medianas empresas a través de las actuaciones de la Compañía Española de Reafianzamiento S. A. y de préstamos a jóvenes emprendedores por parte de la Empresa Nacional de Innovación (ENISA).

ÚNICA VÍA

La exposición anterior conduce y obliga a publicar las normas imprescindibles para lograr el crecimiento de la riqueza por la única vía posible, el tejido empresarial. La innovación y la creatividad solo se obtienen mediante la investigación, la invención, la originalidad y la diferenciación. Solo el apoyo y estímulo a los investigadores y a los emprendedores nos hará competitivos, creadores de riqueza y de empleo.

Para ello, y siendo las pymes el 92% de la creación de riqueza, se hace necesario para ellas una nueva estructura económica sustentada sobre cuatro pilares básicos: a) protección a la investigación, a la invención, a la creatividad y a la innovación; b) financiación; c) ayuda fiscal y d) seguridad jurídica. Todos son misión urgente o nos precipitaremos en una recesión insostenible. Analicemos cada uno de estos cuatro pilares:

a) Para obtener resultados positivos, la investigación y la invención han de ser estimulados y financiados, previo análisis de su viabilidad, necesidad y oportunidad. En España existen notables cerebros que ya trabajan en laboratorios universitarios y en talleres de ingeniería faltos de estimulación y colaboración financiera; muchos se ven obligados a emigrar y son contratados por empresas que mejoran su competitividad y rentabilidad con el ingenio costeado a cargo de nuestro presupuesto, perdiendo su retorno.
b) La patente o registro del resultado eficaz de la investigación, de la invención o la creatividad debe encontrar financiación inmediata para evitar el plagio o la copia con pérdida de la calidad, cuya práctica desleal es más competitiva al carecer en sus costos de los derivados de la investigación. La lentitud, burocracia y elevados costes para la apertura de un comercio o industria, por simple o reducido tamaño que posea, son insoportables. Cuando se concluyen todos los requisitos exigidos por ministerios, comunidades y corporaciones locales, el emprendedor está desesperado y empobrecido. Podemos asegurar por experiencia que en los demás Estados de la Comunidad Europea encontramos facilidad, rapidez y ayuda, y desde luego a costos más asequibles. Los trámites en España —ya iniciados por la Secretaría de Estado de Comercio— han de ser reducidos drásticamente, y en lo posible sometidos a una única competencia. En cuanto a la financiación para instalación y circulante, han de potenciarse las líneas especiales de crédito a través de la banca, de empresas de capital riesgo, de sociedades de garantía recíproca o de una

red de *business angels* para inversión en empresas de nueva creación.

c) Para los sujetos pasivos que inicien una actividad en territorio español y que absorban personal, en determinado porcentaje, del desempleo, o que amplíen su actividad en el mercado internacional, debe promulgarse una legislación especial de protección al nuevo emprendedor. En la actualidad no existe una ley nacional relativa a la regulación de los mismos. En alguna comunidad se han iniciado anteproyectos de apoyo, pero estimamos que la legislación debe ser única y nacional, pues las diferencias de tratamiento regional se oponen a la libertad de mercado único.

d) La responsabilidad en cuanto a la protección jurídica en nuestra legislación la encontramos en los artículos 270 y siguientes del Código Penal, sin perjuicio de que la extensión de la responsabilidad civil se rija por disposiciones de la ley de propiedad intelectual, relativas al cese de la actividad ilícita y a la indemnización de daños y perjuicios (artículo 272 del código penal).

Una justicia que no sea rápida deja de ser útil a los fines y necesidades del sector empresarial, que hace de la agilidad de respuesta ante las dificultades el *leitmotiv* de su actuación, con provecho para el defraudador, con cuya actuación ilegítima, si no es detenida a tiempo, tiene gran parte de su trabajo hecho a base del esfuerzo ajeno. Es, sin duda, una apropiación indebida que perjudica al emprendedor, a su plantilla de trabajo y al propio Estado.

Es de absoluta prioridad implantar los juzgados necesarios con dedicación exclusiva al control y persecución del gran fraude del plagio. Por tanto, es de emergencia económica de la nación la dotación suficiente de los tribunales y juzgados españoles.

18. EL GRAN CAMBIO ESTRUCTURAL DE LA ECONOMÍA MUNDIAL SERÁ UNA REALIDAD IMPARABLE

***Expansión*, 28 de noviembre de 2012**

A las crisis siempre le siguen grandes cambios estructurales, a los que se llega con imaginación, innovación y austeridad.

Ya se va tomado conciencia de que el actual sistema estructural de la economía mundial no tiene futuro. Es de una claridad meridiana que se va desintegrando de manera progresiva y creciente y que surgirá uno nuevo, que en nada se parecerá al que soportamos, destructor de un libre mercado que todos los políticos presumen defender maquillando la realidad y manejando un populismo vergonzoso y adormecedor, concediendo derechos individuales y colectivos que disimulan la pérdida de la libertad humana; cuando la triste realidad es que la única pretensión es conservar en su mano una política económica dirigista, que les permita seguir ganando elecciones.

Durante demasiados años, en gran parte de los países más avanzados, se está soportando una mayoría de políticos y tecnócratas mediocres, oscuros y sin visión de futuro que, careciendo de la experiencia y los conocimientos necesarios, legislan compulsivamente,

de manera especial en España, haciendo un ordenamiento jurídico desenfrenado y de entramado complejísimo, que incapacita su aplicación y permite manejar la justicia restándole independencia; el peor servicio que puede hacerse a la democracia.

Una gestión política carente de eficacia, obsesionada con mantener sus posiciones personales, junto a unos mercados financieros que solo persiguen el lucro a toda costa, y sin que nadie sepa quién los dirige o asume la responsabilidad, son los culpables del desastre económico mundial en que nos encontramos. Será necesario mucho tiempo para que una nueva estructura económica supere los desequilibrios provocados por tan pésima dirección y volvamos a un crecimiento discreto sostenido.

Los grandes errores cometidos han sido: 1) no respetar unos presupuestos equilibrados, gastando sin freno y despilfarrando en obras gigantescas, muchas de ellas no rentables, sin que los impuestos hicieran posible su cobertura; resultado, un endeudamiento insoportable, a un costo inasumible; 2) una economía basada en sectores fáciles de impulsar, como la construcción, que superó varias veces la demanda, despreciando la industrialización y la agricultura; 3) un descontrol del sistema bancario con la concesión de créditos indiscriminados carentes de garantía, que ha desembocado en balances catastróficos, y soportando una morosidad creciente, que está obligando a inyectarle la tesorería perdida para hacer posible el crédito, si bien la posición de familias y empresas, endeudadas y en crisis también, lo dificulten; 4) la supresión o deterioro de los sistemas de supervisión tradicionales y de excelente resultado: los interventores y contadores de la Hacienda Pública. Se ha pasado al control político del Banco de España, del Tribunal de Cuentas y de la Comisión Nacional del Mercado de Valores, lo que ha permitido el manejo del Tesoro Público y consiente, en determinados casos, operaciones de dudosa moralidad.

PANORAMA

Nos encontramos en España y en otros muchos países con unas actividades económicas casi paralizadas, unos sistemas de financiación carentes de fondos y con un endeudamiento con la banca exterior que costará años retornar. La crisis bancaria ha provocado la desaparición de las 46 cajas existentes, la crisis de algunos bancos y la nacionalización de Bankia, Catalunya Caixa, Novagalicia y del Banco Valencia, los mayores partícipes que financiaron la irresponsable burbuja de la construcción.

Para que se produzca el cambio estructural mundial, que se autoimpondrá, como ha ocurrido históricamente tras las grandes crisis (recordemos la Gran Depresión de los años treinta), es necesario y urgente liberar a la economía, rehén de los dirigentes políticos. Es sabido que quien proporciona crecimiento y riqueza es la economía real, única capaz de asimilar el cambio por su experiencia, imaginación y trabajo, cualidades de las que generalmente carecen los dirigentes políticos.

Una renovada clase política debería concentrar la atención y los recursos en la reactivación económica, en vigilar el cumplimiento de los presupuestos, en rehabilitar los sistemas de control y supervisión restituyendo su autonomía, en revitalizar la firmeza e independencia de la justicia, y en dotar de recursos a la investigación y a la ciencia para poder ser competitivos y no perder el tren del futuro, de lo contrario seguiremos en regresión y saldremos de las instituciones económicas internacionales a las que tanto esfuerzo nos costó entrar.

El poco capital político de alta calidad con el que contamos debe hacernos reaccionar buscando líderes auténticos, con sabiduría y experiencia probada, y unirnos todos a ellos para conseguir una economía limpia y en crecimiento sostenido. Solo así podremos asimilar e integrarnos al cambio profundo de estructura que irremediablemente va a producirse y que notará la decadente y dictatorial política económica que nos oprime.

19. LA INVENCIBLE ECONOMÍA SUMERGIDA

Expansión, 12 de diciembre de 2012

Si fracasamos al plantear una solución, al menos deberíamos aprender a no repetirla. La obligación tributaria será efectiva cuando los ciudadanos la cumplan, el legislador sea equilibrado y justo, y el organismo controlador posea alta preparación, excelentes dotes de análisis y rechace el exceso de estimación propia.

La economía sumergida es la expresión más oída y escrita en el transcurso de todas las crisis históricas, y naturalmente con mucha mayor insistencia en la ya dilatada y profunda que sufrimos, especialmente en España. Gobiernos, comunidades autónomas y corporaciones locales, endeudados a niveles insoportables y ante la imposibilidad de que la recaudación haga frente al vencimiento de las obligaciones contraídas, se lamentan de que un importante porcentaje de la actividad que pretenden controlar se sumerja en la oscuridad más impenetrable haciendo casi imposible su descubrimiento y persecución, y por tanto prácticamente nula la efectividad de sus órganos de investigación y control.

Tenemos que admitir que la economía sumergida es la realidad más desconocida, y es sencillamente un derivado del incumplimiento de las normas reguladoras imperativas. Aunque el conocimiento de su cuantía está muy cerca de la imposibilidad, sí podemos asegurar que se sitúa en el espacio comprendido entre el 20 y el 25% de nuestro PIB, de acuerdo con los muestreos y esforzados estudios llevados a cabo por determinados gabinetes especializados. Si consideramos que solo nuestro endeudamiento exterior se aproxima a un ejercicio completo del PIB nacional, llegamos a la conclusión de que solo sería posible dejarlo a cero si todo nuestro esfuerzo y riqueza creada se aplicase a ese fin, lo que nos obligaría a no atender ningún otro gasto ni inversión, incluyendo la cobertura de las necesidades más perentorias.

Sin embargo, la actividad empresarial incontrolada no es solo una característica española, es una lacra mundial, incluso en el resto de los países de la Europa comunitaria sufren también de este fenómeno de dimensión exacta desconocida; la media europea se sitúa entre el 14 y el 18%, por tanto España supera en aproximadamente seis puntos a la media europea. ¿Acaso superamos en habilidad defraudatoria al resto de los europeos?, o tal vez somos incapaces de ejercer una buena acción de control, incluso de asesoramiento e instrucción ciudadana. Posiblemente, el motivo sea un conjunto de los tres supuestos. Lo que sí podemos asegurar es que es muy difícil determinar su cuantía, y establecer una regulación efectiva, justa, controladora y constructiva.

Las causas de las que se nutre la economía sumergida, sin que pretendamos ser exhaustivos, son las siguientes: 1) cese forzado de la actividad empresarial; 2) normativas legales de apertura y fiscales para iniciativas emprendedoras y pequeñas empresas, disparatadas, lentas e inasumibles; 3) inmigrantes con pretensiones emprendedoras, en muchos casos defraudadores y conocedores de la laxitud en el control de las normativas vigentes; 4) caída progresiva del consumo ocasionado por la dureza de la crisis, con recesión, que dura ya cinco años; 5) la inexistencia del crédito a consecuencia de un sistema financiero con balances que reflejan posiciones económico-financieras necesitadas de saneamiento urgente; y 6) política de recortes sin acompañamiento de medidas estructurales capaces de crear sectores de riqueza, sustitutivos de la agotada actividad inmobiliaria, y promotoras de puestos de trabajo.

La preocupante desaparición y cierre definitivo de autónomos, pequeñas y medianas empresas, principales impulsores de la economía real, y el alarmante y creciente desempleo fuerzan a ejercer nuevamente una actividad profesional, olvidándose de cumplir con el exagerado y demencial entramado regulatorio. Sencillamente la actividad dentro del marco legal sería inviable.

Aun sabiendo que la desaparición total de la economía sumergida nunca será una realidad, sí es posible conseguir una muy importante reducción de la misma, si existe una verdadera e inteligente voluntad política de promulgar un nuevo sistema regulador de actividades industriales, comerciales y de servicios, de forma que cualquier emprendedor, o reemprendedor, deje de encontrarse cómodo en el seno de un colectivo sumergido. También será necesario instruir, demostrar y convencer de que las leyes se crean para ser cumplidas.

Desde el estallido de la crisis a consecuencia de la burbuja inmobiliaria y de una pésima gestión financiera, hemos padecido la incapacidad para crear nuevas estructuras económicas y cambios de gran calado; hemos olvidado inconscientemente la urgencia en la toma de decisiones, y todo ello por la ausencia de auténticos líderes, poseedores de mejor formación, experiencia e imaginación. Hemos de cambiar el sistema de selección de los mismos olvidando el monopolitismo y el egoísmo de los partidos. Hemos de exigir alta preparación a los responsables de las distintas Administraciones. Hemos de restituir la autoridad e independencia de los órganos de control y hemos de cuidar y proteger la independencia de la justicia, que nada tiene que ver con el ideario y filosofía de los partidos políticos; sin justicia independiente, jamás tendremos una auténtica democracia.

20. LAS PENSIONES INTOCABLES

Expansión, 28 de diciembre de 2012

El bienestar y el progreso conseguidos a lo largo de los años de trabajo dejan el futuro abierto a los jóvenes que se incorporan a él. Estos no deben permitir la inseguridad y la desesperanza que supone para la tercera edad no recibir la cobertura necesaria y suficiente para su bienestar.

Es un deber ineludible para toda nueva generación asegurar el bienestar de quienes con su investigación, emprendimiento, trabajo, sacrificio, amor y ahorro le precedieron, haciendo posible disfrutar de una mayor cultura, una más depurada preparación y un crecimiento económico y bienestar mejor y de más calidad del que ellos disfrutaron. No se puede permitir que los derechos económicos a que se hicieron acreedores durante décadas de trabajo se vean devaluados y en la mayoría de casos no cubran las necesidades esenciales e imprescindibles.

Una política económica sin planificación y sin control del gasto e inversiones desafortunadas nos ha llevado a la crisis de la que somos incapaces de salir; pero sería una inmoralidad incluir dentro de las medidas de ajuste imprescindibles las que perjudiquen la sostenibilidad del sistema de pensiones. La viabilidad futura del mismo ha de estudiarse en profundidad y consolidarse mediante la aplicación de técnicas actuariales mixtas, ajustadas por la fórmula de Makeham, de la que se ha prescindido inexplicablemente. Nos encontramos, pues, perdidos entre el sistema que tenemos y el que queremos tener, como lo demuestra la incertidumbre de cómo legislar para paliar los efectos inevitables de la esperanza de vida creciente, los efectos demográficos y laborales, el crecimiento del desempleo y el aumento progresivo del colectivo de jubilados, ocasionado esencialmente por el anticipo de jubilaciones (necesitada de urgente regulación y endurecimiento) y la creciente esperanza de vida (básica y sobradamente justificada para retrasar la edad de jubilación).

La verdadera y única reforma que regulará definitivamente el problema, tan necesaria como inaplazable, debe abordarse sin la influencia del déficit presupuestario y del incremento del desempleo. El legislativo y el ejecutivo no deben olvidar que igual que la reserva matemática del seguro de vida no pertenece a la compañía aseguradora, el fondo de jubilaciones no pertenece ni debe aplicarse a ningún otro concepto presupuestario ni integrarse en la caja común; pertenece solamente al asegurado, en nuestro caso al jubilado. Disponer de esta reserva para otros fines es absolutamente ilegal, puesto que se nutrió, en el transcurso del tiempo, de una retención de su salario para cubrir sus necesidades futuras, independiente de su contribución fiscal. Lo contrario estimula la desesperanza y la inquietud social.

Los factores que influyen en el cálculo de la retención con destino a la cobertura del retiro laboral son, como hemos anticipado, diversos: esperanza de vida media, cuantía de la pensión, colectivo de cotizantes y la inflación..., entre otras variables componentes del cálculo actuarial, al que habrá de sumarse el diferencial necesario, a cargo de los Presupuestos Generales.

El concepto que nos ocupa debe abordarse con rapidez y decisión por el Gobierno, sin titubeos ni soluciones por etapas; la cuestión es de pura matemática, ajena a las divergencias políticas, con el fin de controlar un posible déficit del fondo que en modo alguno debe permitirse.

CONSTRUIR LA SOLUCIÓN

Para acometer un tema tan controvertido, pero de justicia indiscutible, se necesita un legislador firme y decidido, que construya la solución y cuente con la autoridad suficiente para implantarla. No olvidemos que debe explicarse previamente a la ciudadanía la bondad y necesidad de su promulgación, puesto que la aceptación es indispensable.

El capítulo VI de los Presupuestos Generales del Estado para 2013, en términos de contabilidad nacional y caja común, aunque pretende modernizar el sistema de la Seguridad Social, comete, a nuestro juicio, el error de incluir en el presupuesto de ingresos consolidado (125.681,96 millones de euros), y dentro del ingreso por cotizaciones sociales (86,2% del presupuesto total), el importe destinado a la cobertura de las pensiones, según cálculo actuarial, que se debería componer de la parte alícuota obtenida de las aportaciones contributivas y de las complementarias del Estado.

Constituido el fondo de pensiones, este debería permanecer en cuenta y caja independientes e inaplicables a otros fines. Tampoco se invertiría en ningún tipo de inmovilizados o valores mobiliarios, incluyendo la deuda soberana, ya que el riesgo de la fluctuaciones arriesgaría la integridad del mismo.

Sabido es que la fórmula de cálculo incluiría demasiadas variables (cobertura de las pensiones mínimas con crecimiento interanual, la mortalidad y crecimiento de la esperanza de vida, jubilaciones anticipadas, inflación, etc.), algunas de ellas con influencia de una mala política económica en la aplicación de los Presupuestos Generales, de la que en modo alguno son culpables los futuros pensionistas; de ahí que sea obligatoria y necesaria la

aportación complementaria del Estado para la total cobertura de las pensiones.

Insistimos en que el Fondo independiente de las pensiones es propiedad exclusiva de los trabajadores y ni el propio Estado puede disponer total o parcialmente de cantidad alguna a otros fines o cobertura de déficit. El Tribunal de Cuentas del Estado es el obligado de cuidar que así se cumpla.

21. COYUNTURA Y UNA RECUPERACIÓN MÁS RÁPIDA

Expansión, 29 de enero de 2013

No hay felicidad más perjudicial que la conseguida con un endeudamiento sin capacidad de devolución. El tiempo lo hará insoluble, y nunca se recuperará la paz ni se reparará el daño causado.

"El momento de crisis ha terminado", manifestó en Davos Lloyd Blankfein, consejero delegado de Goldman Sachs, refiriéndose a la posible ruptura de la eurozona que, desde hace tiempo, se temía por destacados economistas y reconocidos analistas; lo cual es cierto a tenor de los datos de que disponemos en este momento. Si bien se han alcanzado buenos resultados en la aplicación de determinadas medidas y cambios estructurales, quedan aún otras por acometer, que reclama con urgencia una economía real muy preocupante. Queda, por tanto, un buen tramo de cambios, ajustes y generación de riqueza que conduzca al inaplazable crecimiento, apoyado esencialmente en la esperanza y la capacidad de reacción.

La Asociación Española de Asesores Fiscales y gestión económica (Asefiget) resaltaba que 14 millones de habitantes hispanos, integrados por trabajadores por cuenta propia y ajena del sector privado, sostenían un total de 46 millones de habitantes. No olvidemos que el Estado ni genera ingresos ni está obligado a ello, solo tiene como obligación recaudar y administrar responsablemente el presupuesto, al que durante muchos años se ha desobedecido impunemente. Los casi 450.000 millones de euros del presupuesto de ingresos se obtienen de los contribuyentes, un tercio del total de habitantes, cuya carga impositiva es exagerada en función del PIB y comparativamente con la media europea.

Si bien se han obtenido logros, veamos algunos indicadores que nos muestran el camino pendiente de recorrer y de urgente acometida: a) la deuda del sector público supera los 850.000 millones de euros, de los que la Administración central asume 620.000 millones, las comunidades autónomas superan los 160.000 millones, las corporaciones locales 57.000, y la SS 26.000. Imprescindible seguir recortando el gasto público, las subvenciones, las duplicidades y los entes dependientes de las Administraciones públicas (Administración central, comunidades autónomas y ayuntamientos); b) préstamos del BCE al sistema financiero de 400.000 millones de euros para sanear sus balances, deteriorados por una política de préstamos sin regulación ni control, sin que dichos fondos hayan ayudado a la economía real, pues su destino posterior ha sido el sector público; y c) el Estado ha de hacer frente a los más de 45.000 millones de euros por intereses de la deuda soberana. A todo lo expuesto habría que incorporar la deuda de las familias y la de las empresas y su coste financiero. Un endeudamiento tan alto necesita un crecimiento del PIB sostenido y continuo que propicie más recaudación sin continuar con la subida de impuestos, que con el consumo estabilizado o en descenso solo puede generar más cierre de empresas y destrucción de puestos de trabajo. La deuda (cuatro veces superior al presupuesto anual de ingresos) ha de pagarse, y para ello, con independencia de lograr el crecimiento de la renta, ha de planificarse el cuadro de amortización con los mercados de manera que haga posible su puntual cumplimiento. Sin ambas cosas no se recuperará la necesaria confianza en nuestra economía, e impedirá la expansión exterior y las grandes inversiones empresariales industriales en el interior.

LA COYUNTURA ECONÓMICA GLOBAL

EE UU comienza una ligera recuperación basada en un casi saneado sector inmobiliario y un ligero crecimiento de la productividad industrial. Continúa el saneamiento del sector financiero, aun incompleto, junto a unas políticas monetarias más flexibles. El conjunto de medidas expansivas y el esfuerzo empresarial han conseguido estabilizar el descenso de la economía. La supervisión y mayor control de los balances financieros, junto a una más exhaustiva coordinación presupuestaria, han motivado la confianza y el esfuerzo de los valores. El dólar se apreciará paralelamente a que las correlaciones *risk on-risk off* se desvanezcan.

En Europa, más problemática, será necesario un decidido acercamiento de la zona sur a la del norte y adoptar sistemas políticos de integridad y legitimidad, eliminando los liderazgos individualizados de política económica arriesgada que solo conducen a la inestabilidad, necesitando también una mayor participación del sector privado. El euro, aún con ligera debilidad, solo se irá recuperando desde una valoración inicial, con una mejora de la rentabilidad, la calidad y el crecimiento.

Si observamos algunos parámetros sobre el crecimiento esperado para 2013, comprobamos que mientras en la eurozona, bajo presión, se estima en el -0,3% (Alemania, el 0,8%; en Italia, el -1%, y en España, el -1,5%, entre otros); en EE UU, el 1,7%; en Japón, el 1,5%; en China, el 7,8%; en Rusia, el 3,3%; en la India, el 6%, y en Brasil, el 4,2%. Estos últimos tirarán de la economía mundial, y hará bien la Unión Europea en potenciar su comercio exterior hacia los países con crecimiento positivo y los emergentes, acelerando su actividad económica y mejorando su competitividad.

Algunas ideas imprescindibles para una recuperación más rápida:

1. Reformas fiscales que incluyan medidas de protección temporal para emprendedores, investigadores y reinversores de beneficios. En modo alguno supondrán las medidas propuestas una minoración de la recaudación, compensada con creces con mejores rendimientos y la disminución del paro.
2. Olvidar los proyectos faraónicos no rentables o no preferentes, a los que los políticos son tan aficionados.
3. Estimular y proteger las fuentes de riqueza regionales, verdadera actividad real, abandonadas por otras especulativas de ciclo corto y provocadoras de crisis profundas.
4. Acortar el ciclo de superación de la construcción, aún en crisis, promoviendo nuevas medidas complementarias a las ya aplicadas, y reestructurando el objetivo del mal llamado banco malo, que en modo alguno debe menoscabar la libertad de mercado.
5. Aligerar la reestructuración del sistema financiero, que ya ha recorrido un largo camino (reducción del número de grupos bancarios de 55 a 21, sucursales, saneamiento de fondos propios, de activos inmobiliarios contingentes y deudores de dudoso cobro).
6. Terminar con rapidez la liberalización, unificación y simplificación de los trámites burocráticos para emprendedores.

Todo ello y otras medidas complementarias harán posible la transición al consumo normal, sin el cual de nada sirven los recortes y adelgazamiento de las Administraciones.

La promoción de la riqueza y el crecimiento de la renta son el principal objetivo a alcanzar, y solo con crecimiento de PIB superiores al 2% se producirá la reducción progresiva del altísimo nivel de paro. Sin embargo, la salida definitiva de la crisis, nuestra y de la eurozona, solo se conseguirá con el esfuerzo colectivo globalizado, y con la unidad integral política y económica de cada uno de los países miembros.

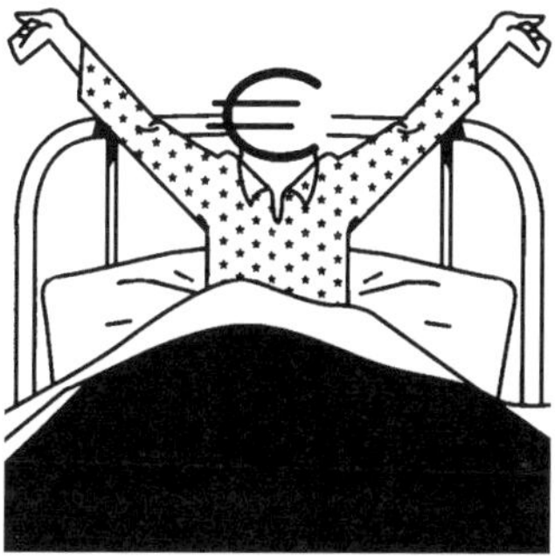

Es preciso compatibilizar la alta morosidad (fallida o contingente) de la banca, y la posición financiera también dudosa de muchas empresas, con una nueva política de financiación que favorezca la asignación de los recursos financieros a las empresas nacionales.

22. DE LA EXPORTACIÓN Y DE LA IMPORTANCIA DEL CRÉDITO BANCARIO

Expansión, 27 de febrero de 2013

Si no existe la financiación necesaria, ¿cómo podemos confiar en el éxito? Este solo será posible y duradero si la previsión se ajusta a un desarrollo equilibrado.

El crecimiento de la exportación es el resultado del esfuerzo de los empresarios para compensar el continuo descenso del consumo nacional, aun a costa de la reducción de los márgenes de beneficios para conseguir ser más competitivos en el exterior, y de una imprescindible inversión que exige la apertura de nuevos mercados.

Existe un alto colectivo de empresarios que, con instinto emprendedor y a base de esfuerzo, imaginación e inversión, está haciendo posible la presencia de España en un mercado cada vez más globalizado, a la par que influye positivamente en nuestra balanza de pagos. No utilicemos el creciente éxito de nuestras exportaciones para lanzar la frase, ingeniosa pero poco ortodoxa, "ya se ven brotes verdes", que en modo alguno puede atribuirse a nuestra economía real interior que continúa en recesión, ocasionando más cierre de pymes y crecimiento del paro.

No olvidemos que hasta que no crezca el PIB por encima del 1,5%, no veremos aparecer de forma progresiva nuevas empresas ni descenderá el paro; así nos lo hace saber Bruselas al respondernos que durante 2013 seguirá la recesión, el paro y el desequilibrio presupuestario. Si bien es motivo de satisfacción observar el crecimiento de nuestras exportaciones, también es motivo de preocupación la dificultad del acceso a la financiación de nuestras empresas, imprescindible para potenciar nuestra economía real interior, tema del que hacemos algunas reflexiones a continuación.

La disminución del volumen de compras y de la cartera de clientes en la distribución han sido las consecuencias principales de la creciente baja en el consumo que padecemos. Sin embargo, hay un segundo motivo, no de menor importancia: las restricciones cada vez más severas a que las entidades bancarias han sometido a las pequeñas y medianas empresas han originado el estrangulamiento de las mismas.

Solo en el último trienio la caída del crédito al sector privado se aproximó al 10%, equivalente al 18% del PIB, debido a las siguientes causas: a) exceso de activos inmobiliarios improductivos y devaluados que el sector bancario se ha visto obligado a incorporar a su balance desde el estallido de la burbuja a finales de 2007; b) paralización del recobro de capital más intereses correspondientes a las hipotecas; c) aumento acelerado de la morosidad; d) inversión en deuda soberana, ajena a su natural práctica de banca comercial; y e) necesidad de recapitalización.

CIERRE DE LOS MERCADOS MAYORISTAS

Todo ha obligado a que la concesión de créditos sea mucho más estricta y en condiciones más adversas, debido también al cierre de los mercados mayoristas de financiación hacia nuestro sistema bancario, al incremento de los intereses y comisiones aplicados y a la exigencia de garantías más sólidas para hacer frente al

elevado riesgo que supone la difícil situación económico-financiera de una buena parte de las empresas, y en especial de las pequeñas y de mediano tamaño.

Nuestra economía la sostienen principalmente las pymes, ya que de acuerdo con los datos de Eurostat, el 99,1% del conjunto empresarial lo integran las que emplean menos de 250 empleados, y dentro de ese porcentaje, el 93% lo componen empresas que emplean entre uno y nueve trabajadores. En cuanto al porcentaje de empleo que absorben las pymes, se eleva al 79,5% del total de ocupados.

Para crear riqueza ha de promoverse y estimular principalmente a estas últimas dada la importancia que tienen para la economía española, sin olvidar que hasta que fluya el crédito no será posible iniciar la recuperación.

No podemos esperar un crecimiento continuado si no se promueven fuentes de riqueza capaces de ilusionar a los emprendedores, lo cual solo es alcanzable si analizamos y promovemos las tradicionales de cada región; tarea preferente y principal que deberían asumir las comunidades autónomas, apoyadas en un plan nacional estructural coherente con la riqueza natural de las mismas. Cualquier otro camino ni es inteligente, ni rentable ni consigue el bienestar colectivo e individual.

23. CLAMA EL SURESTE

Expansión, 8 de marzo de 2013

Son muchos los que no saben dónde están, ni adónde se dirigen ni lo que pretenden. Generalmente son inconformistas e insolidarios presionados y utilizados por los poderes políticos, que primando sobre los intereses generales impiden el crecimiento económico y la paz social.

Una de las fuentes de riqueza de más trascendencia, un verdadero e imprescindible Plan Hidráulico Nacional, se viene impidiendo, discutiendo y malogrando sin interrupción desde los primeros años del siglo pasado. Los políticos jamás se han puesto de acuerdo para un tema de tan vital importancia. Un rápido recorrido por su historia da fe de ello.

El primer intento de planificación se inició por inspiración de Costa, derivado en 1902 del Plan Gasset. Surgen varios planes sucesivos fallidos por inconexos y faltos de financiación (en los años 1909, 1916 y 1919), aunque el más importante es el de Lorenzo Pardo de 1933, el más coherente. De él surgen las primeras ideas esenciales del trasvase Tajo-Segura. Tuvo serios detractores, y es sustituido por el de 1940, que preveía la puesta en riego de 400.000 hectáreas.

En 1964 se mejoró la metodología, surgiendo los primeros estudios conocidos sobre el trasvase Tajo-Segura. Sin embargo, no es hasta finales de los setenta cuando se termina el proyecto que ha de servir para la realización de la obra histórica. Suscita la primera atención positiva mundial el informe del Club de Roma de Mesarovivc y Peter en 1974, haciéndose eco también la UNESCO.

Al comienzo de los ochenta, entra en servicio el trasvase del Tajo-Segura y despega el crecimiento económico de la zona de Orihuela, los regadíos de las huertas de Murcia y los modernos cultivos de Almería. Conviene destacar la modernización de las estructuras, canalizaciones, distribución y depuración de aguas residuales murcianas objeto de admiración internacional, llegando a niveles semejantes a los conseguidos en California e Israel; optimizando también el consumo medio por habitante, que se sitúa en torno a los 150 litros día. El consumo se optimiza también, puesto que el 80% lo absorbe la agricultura y el 20% restante el consumo urbano e industrial, un impacto realmente muy bajo que demuestra que el sureste es líder en Europa en la gestión del agua debido a su tradición centenaria.

Sin embargo, la disparidad de criterios y los intereses políticos entre regiones, unidos a la inseguridad y falta de liderazgo de los Gobiernos, vuelven a poner en cuestión los planes hidrológicos del Tajo, Segura y Júcar, según el propio secretario de Estado de Medio Ambiente del Ministerio de Agricultura, que forzado por Castilla La Mancha pretenden asumir el control del plan de la cuenca.

También se ha planteado la posible caducidad injustificable del trasvase al sureste. ¿Cabe mayor aberración? Lo que produce la indignación de los agricultores es la incertidumbre y la inseguridad futura de sus plantaciones o la reducción de los caudales transportados para contentar a los siempre inoportunos inconformistas. Se acuerdan nuevos aplazamientos a 2015. Pero no acaba aquí la cuestión. A Murcia y Alicante se les endosa el insoportable problema de las desalinizadoras de Torrevieja y Águilas, que originarán una subida de tarifas del consumo de agua, y el costo de la amortización que soportarán las autonomías. Nuevamente las presiones e intereses políticos de determinadas regiones primaron sobre los intereses generales del Estado en materia tan transcendente como es una inteligente y justa distribución de la riqueza hídrica, como hemos comprobado en la historia reciente.

LA OTRA BATALLA DEL EBRO

En abril de 1993, el Consejo de Ministros aprobó el primer Plan del trasvase del Ebro, rechazado por el Consejo Nacional del Agua. Posteriormente, el 14 de julio de 2000 presenta el nuevo Gobierno su Plan, que se aprueba definitivamente en enero de 2001 por mayoría absoluta, tras salvar el escollo en contra de las movilizaciones de Aragón. Sin embargo, el Gobierno presidido por José Luis Rodríguez Zapatero decretó la derogación del trasvase en el año 2004 (ya en fase de iniciación), avalado por el Tribunal Constitucional, dejando libertad al Estado y Cataluña para pactar sobre los caudales del Ebro en su desembocadura. El Segura pierde nuevamente sus derechos adquiridos y se olvida el sureste español. A modo de compensación se lanza el Plan desalinizadoras. Un despropósito. Rescatar el excedente de aguas que terminan en el mar para ser posteriormente recuperadas, encarecerlas y convertirlas en nocivas es un desatino. A pesar de lo cual, apoyado por antitrasvasistas demagogos, se forzó el estudio y puesta en marcha de una red de desalinizadoras para el litoral mediterráneo con destino a riegos, de costo faraónico, que solo conduce a unos resultados agronómicos y económicos catastróficos, por las razones básicas siguientes: 1) resulta prácticamente imposible eliminar el boro y el sodio, que transforman el suelo en halomórfico; y 2) la inevitable muerte del arbolado, de acuerdo con las investigaciones llevadas a cabo por las universidades de California y la Society for M. Farming Internacional. No debemos olvidar que la producción de cítricos en Valencia, Alicante, Murcia y Almería suponen el 80,7% de la producción nacional y que las desalinizadoras se están abandonando y dejando de construir en el resto del mundo, destinándolas solo para otros servicios.

Un ejemplo de solidaridad entre dos provincias tan distantes como Murcia y Badajoz fue la aportación técnica y humana que prestó Murcia al llamado Plan Badajoz, aprobado el 7 de abril de 1952 para la electrificación, riego, proceso de fabricación y comercialización de los productos agrarios, basados en el aprovechamiento de las aguas del río Guadiana, cuya acometida y proceso se prolongó, por los distintos Gobiernos de la democracia, hasta el 1975. El Plan impulsó, paralelamente, viviendas, embalses, infraestructuras, centrales hidroeléctricas, incluso nacieron pueblos; en suma, se crearon nuevas fuentes de riqueza y bienestar social.

¿QUÉ OCURRIRÍA CON LA CANCELACIÓN DEL ACUEDUCTO DEL TRASVASE TAJO-SEGURA?

Una nueva era de sed, la pérdida de centenares de miles de hectáreas de cultivos de arbolado y productos hortofrutícolas, emigración de colonos y técnicos altamente experimentados y preparados, cierre de empresas de derivados de la agricultura y auxiliares, desempleo, disminución del PIB en todo el sureste, caída de la Balanza Comercial Agrícola Nacional y pérdida y desaparición de cuantiosas inversiones, hasta ahora de alta rentabilidad, entre otras muchas.

Por otro lado, el Gobierno central debe meditar las consecuencias que para los Presupuestos Generales del Estado supondría la importantísima pérdida en la recaudación de impuestos con destino a las arcas centrales (Impuesto de Sociedades, Valor Añadido y tramo de Renta de las Personas Físicas y del IRPF). Y la comunidad de Murcia, junto a las provincias de Alicante y Almería, entrarían irremediablemente en una crisis e insolvencia definitiva al ver disminuidos mayoritariamente sus ingresos presupuestarios por los conceptos de patrimonio, sucesiones y donaciones, transmisiones patrimoniales, operaciones societarias y actos jurídicos documentados. Una verdadera locura económico-financiera ocasionada por la pérdida de unas estructuras esenciales, sólidas y rentables que tantos años de esfuerzo, trabajo e inversiones han costado.

El Gobierno demostraría, si se permitiera la cancelación del trasvase, como consecuencia de claras e insolidarias coacciones a los habitantes del sureste, una debilidad, un desconocimiento y una irresponsabilidad jamás conocida en ningún otro país del planeta.

Solo la unión de todos, y el apoyo inquebrantable y sin fisuras a los presidentes y gobiernos de las comunidades de Valencia, Murcia y Andalucía, exigiendo cordura, inteligencia y energía, podrán desterrar la torpeza, egoísmo y constante traición a todos los habitantes de la cuenca del Segura. Resulta interesante recordar lo que Indalecio Prieto expone en público en Alicante, en el año de Lorenzo Pardo, 1933: "Esta no es una obra a realizar en el periodo brevísimo de días ni de meses, es obra de años, para la cual se necesita la asistencia de quienes hoy gobiernan, de quienes estén en la oposición, de quienes sirven al régimen republicano y, oídlo bien, de quienes están en contra de él, porque quienes por patrocinar el régimen republicano una empresa de esa naturaleza le negara su asistencia y su auxilio, serían no enemigos del régimen, sino unos miserables traidores a España".

24. DE POLÍTICAS ECONÓMICAS DEFICIENTES Y DESEMPLEO

La Verdad de Murcia, 13 de marzo de 2013

En política económica se repite con frecuencia la necesidad de controlar a los controladores. Es una forma de defensa para ocultar las carencias, las debilidades y la culpabilidad directa de los grandes fracasos económicos, y de las crisis a que siempre conduce la falta de visión, de inteligencia y de dotes de mando.

Si nos tomamos la molestia de analizar, aunque someramente, la triste historia de las principales grandes crisis acaecidas en el pasado siglo XX, no podemos evitar calificarlas de semejantes, incluso algunas de ellas idénticas, en cuanto a sus orígenes (especulativos), desarrollo, dureza y aplicación de soluciones tardías. También estaremos de acuerdo en que dos de las fatales consecuencias han sido la pérdida de valor de los patrimonios y el desmesurado crecimiento del desempleo.

La trayectoria de todas las crisis se ajusta al siguiente esquema: proceso especulativo incontrolado; *crack* financiero; recesión; adopción de medidas restrictivas y recortes; aumento de la presión fiscal; y en algunas ocasiones estanflación; contracción financiera; desaparición de empresas, y lo más lamentable, desempleo y pérdida de calidad de los servicios sociales.

Generalmente la culpabilidad se reparte entre Gobiernos, sistema bancario, empresas e impulsores de especulación y excesivo gasto e inversión privada. En cualquiera de los casos faltó planificación, control, visión de futuro y poder de rectificación inmediata. Pero la gran responsabilidad en términos de economía pública corresponde a los Gobiernos que hacen dejación de su facultad de arbitraje, de planificación y respeto presupuestario durante todo el periodo para el que se destina. Es obvio que la economía soporta la complejidad de los inevitables cambios provocados o importados, como consecuencia de la mutación de los agentes externos, a los que la autoridad económica debe promover soluciones, pero dejando que la economía real se desenvuelva en un mercado libre y sin la pretensión de inmiscuirse o integrarse en el tejido empresarial.

El proceso de un desmedido crecimiento especulativo, originado e impulsado por el afán de enriquecimiento rápido, deriva siempre en un auténtico *crack*, y tiene su caldo de cultivo en los mercados inmobiliario, de valores, materias primas y de capitales, mediante estímulos al consumo completamente irracionales que solo conducen a sobrevaloraciones y desequilibrios, quedando desprotegidos los intereses generales. Y si todo esto es cierto, que lo es, hemos de admitir que los responsables de la gestión pública, que en bastantes países está llena de carencias y debilidades, ni están lo suficientemente preparados ni han aprendido de los casos históricos de las depresiones que ha habido en el mundo y, desde luego, casi nunca reconocen ser los inductores directos, indirectos o por omisión de unas malas políticas económicas, ocultando casi siempre su falta de destreza. En cierto país lejano se les llamó los sabios de la ignorancia e, igual que sucede con el gestor de una empresa que la conduce a una insolvencia de difícil recuperación, la sustitución es necesaria y urgente.

Y, ¿cuáles son las consecuencias cuando surge una crisis? Cuando la continuidad especulativa se hace insoportable, aparece la imposibilidad de hacer frente al alto endeudamiento contraído, existe un estancamiento de la actividad productiva, se sufre la parálisis del crédito y el comienzo rápido del desempleo que origina tensiones e inquietud sociales, la más lamentable de las consecuencias.

La inacción y la pasividad durante un periodo de crecimiento injustificado nos hacía vivir en un mundo irreal, el bienestar crecía y se pensaba que la riqueza no nos abandonaría. Craso error, el crecimiento sostenido solo es posible mediante trabajo, inversión, investigación, diferenciación, productividad y márgenes controlados, único camino que asegura la estabilidad, el empleo y el bienestar social.

En muchos casos las autoridades económicas reaccionan comunicando que la nueva crisis es diferente y que se está en posesión de las soluciones idóneas, que pronto se tocará fondo y volveremos de nuevo al crecimiento, aunque ni se vieron a tiempo ni se acometieron medidas enérgicas para corregir las irregularidades, tal vez por temor a resultar impopulares.

El sistema bancario, uno de los más afectados por no controlar el riesgo, ve sus balances con activos devaluados, faltos de tesorería y una elevada morosidad, pero, por ser imprescindibles para el desarrollo empresarial, se acude con rapidez a su saneamiento, si bien el crédito se endurece después ante un mercado falto de garantías y también muy endeudado. Dentro de la terapia para la recuperación se acude con rapidez al crecimiento de la presión fiscal, que generalizándola y sin aplicación inteligente origina más recesión, más cierre de empresas y como consecuencia más paro si paralelamente no se crean nuevas fuentes de riqueza productiva a las que acudan los emprendedores.

De lo que no existe la menor duda es de que necesitamos basarnos en la experiencia para controlar y regular los desvíos a los que se ve sometida la economía, en el respeto exhaustivo a los presupuestos, en la represión del plagio como protección a la invención y a la investigación y en un sistema financiero sólido que haga posible el crédito razonado imprescindible. Sin que las empresas creen riqueza y sin gestores competentes, con personalidad, dotes de mando y carisma, volveremos a ser víctimas de burbujas económicas insoportables.

25. HACIA UN NUEVO MODELO POLÍTICO Y ECONÓMICO

Expansión, 11 de abril de 2013

Es necesario crear un nuevo modelo económico de estado en el que predomine una mayor participación ciudadana y en el que no tengan cabida las oligarquías, aunque estas sean tan antiguas como el mundo.

Cuando un líder empresarial o una actividad sectorial es dirigida y controlada de forma unipersonal, en el primer caso, o por un pequeño grupo que gestiona controlando el poder absoluto en beneficio propio o con fines concretos, nos encontramos ante una oligarquía. Podemos definirla también como la unión de determinados poderosos que, presentándose como protectores de los más débiles y alardeando de demócratas, solo persiguen el dominio político, económico y la dependencia de sus arbitrarias actuaciones. La oligarquía es casi tan vieja como el mundo y la encontramos desde la antigua Esparta, Atenas, Cartago (gobernada por mercaderes, armadores y grandes propietarios), la Venecia del Dux, y más recientemente la nobleza agraria polaca. Modernamente, como no podía ser menos, se sigue practicando en numerosos países de los distintos continentes, como ocurre también en Europa y en cada uno de sus países.

El caso más simple y más frecuente de todos conocido es la empresa. Un empresario que al alcanzar el liderazgo se rodea solamente de aquellos que le facilitan la colaboración a los objetivos y misiones exclusivamente personales, cuando prescinde o desoye cualquier sugerencia que suponga un cambio necesario que lleve a compartir decisiones opuestas o diferentes a sus ambiciones se convierte en un oligarca. No admitir las continuas reformas necesarias a que obligan los agentes externos, obsesionarse con los intereses que impone y defiende, rechazando cuanto le aporten constructivamente, conduce irremediablemente al fracaso, al endeudamiento insoportable y al perjuicio de cuantos componen el escuerzo individual y colectivo, olvidando que él no es la empresa, la empresa la conforman todos.

RESPONSABLES

Ciñámonos a España. Estudiemos, aunque sea someramente, el proceso, actuaciones y resultados que han provocado la actual situación extremadamente compleja que afecta a la política, a la economía, a las finanzas, al empleo y a nuestras relaciones y prestigio internacionales. Cualquier Administración, sea cualquiera su objetivo, en la que el gasto duplique los ingresos, está condenada al fracaso y a su desaparición. Los responsables de la gestión que carezcan de las dotes necesarias para ejercerla deben ser sustituidos con la mayor urgencia, ya que mantenerse en el poder solo origina pobreza, endeudamiento creciente, perjuicio a terceros y responsabilidad, incluso penal en muchos casos. En un Estado, los resultados pueden ser catastróficos, puesto que la incompetencia, la ausencia de dotes de mando, el descontrol y despilfarro se justifican recurriendo a la falsedad y a la mentira para encubrir una situación económico-financiera y presupuestaria que deviene en una crisis de muy largo recorrido y obliga a la adopción de medidas urgentes de profundo calado, siempre lamentables y dolorosas que obligan a un endeudamiento vinculante para futuras generaciones.

Por mucho esfuerzo que se emplee en enmascarar la realidad de nuestra coyuntura, la verdad se impone, y no admitirla aumenta la gravedad y nos convierte en irresponsables. Solo conseguiremos el crecimiento progresivo del endeudamiento colectivo y el alargamiento en el tiempo de la crisis, puesto que recibir fondos continuamente sin crear fuentes de riqueza junto a un control del gasto improductivo conduce inevitablemente al desastre. Es imprescindible e inaplazable un cambio en nuestro sistema político y económico que transforme y democratice la pseudooligarquía política de nuestra Administración central, de las autonómicas, que han superado los dos tercios del gasto total (más del 40% del PIB), de los más de 8.000 ayuntamientos —la mitad innecesarios, que gastan sin tasa ni control—, de las diputaciones y de las más de 3.000 empresas y entes públicos incontrolados y en su mayoría de muy difícil justificación.

No es de recibo que, para hacer frente a los continuos vencimientos del principal y altos intereses de la deuda soberana, nos veamos obligados a una también continua subida de los impuestos, en muchos casos injustos y superiores a la media de los de nuestros socios europeos, que suponen una dificultad para nuestra competitividad. España tiene capacidad creativa y empresarial suficiente, solo hacen falta, junto a las reformas políticas, los cambios económicos que hagan posible a los emprendedores y empresas consolidadas desarrollar su crecimiento y potenciar el consumo.

NEPOTISMO

En todas las escalas de la Administración pública, pero especialmente en las autonomías y ayuntamientos, se permite un gobierno donde se ha asentado el nepotismo, el independentismo incontrolado y una administración económica propia de la incapacidad y la insensatez. Veamos algunos casos que justifican las anteriores afirmaciones: proliferación de televisiones siempre deficitarias, de aeropuertos que no cubren el umbral de sostenimiento por ausencia de viajeros, de obras y estructuras faraónicas inexplicables y carentes de rentabilidad, de plantillas innecesarias y costosísimas (más de dos millones de ocupados por designación), de parques de automóviles sorprendentes, etc., etc. Posible todo esto por la ausencia de intervención y control presupuestario ante la pasividad del Banco de España, del Tribunal de Cuentas del Estado y del Cuerpo de interventores, entre otros, debido a que en la práctica ha dejado de existir la separación de poderes y la independencia absoluta del poder judicial. Una gran responsabilidad de los partidos políticos mayoritarios en las últimas legislaturas ha sido la permisibilidad en la oposición de las prácticas inaceptables mencionadas.

Se impone sin demora alguna un nuevo modelo de Estado que permita la participación ciudadana, que elimine todo género de oligarquía, que controle y sancione las desviaciones presupuestarias, que estimule el crecimiento, la innovación y la creatividad, que no permita el plagio, que implante la libertad de mercado y que estimule y colabore a la internacionalización, sin olvidar que las liquidaciones presupuestarias y los balances sean públicos, veraces y reflejen la posición real.

26. CRISIS FINANCIERA, ECONOMÍA REAL, SOLUCIONES Y DIFICULTADES

Expansión, 3 de mayo de 2013

Aún no se han abordado las cuestiones estructurales de la actual crisis ni la renovación del diseño de la Unión Europea; solo se han adoptado continuas subidas de impuestos lesivas, incoherentes y perjudiciales al crecimiento.

Cuando a finales de 2007 surgió la gran crisis económica y financiera con influencia mundial, que aún se mantiene, se infravaloró y no se consideró su larga duración, de carácter internacional, y su profundo efecto sobre el sistema financiero, la economía real y el endeudamiento generalizado. Se inició con la quiebra de Lehman Brothers y no se tomó conciencia de su extrema gravedad y su repercusión a todos los niveles, incluso por el presidente de la Reserva Federal, Bernanke, a pesar de su alto nivel de preparación y su profundo conocimiento de la Gran Depresión de los años treinta en EE UU, a la que, sin duda, la actual la iguala en gravedad. Se perdió más de un año en dudas, perplejidad, análisis, diagnóstico y toma de decisiones urgentes. Y pasados ya más de seis años se siguen cometiendo errores en la adopción de soluciones y ejecución de medidas imprescindibles. Lo que sí ha quedado claro es la influencia e incapacidad política a todos los niveles y en casi todos los Estados.

Merecen la pena algunas reflexiones sobre el origen, repercusión y errores cometidos, junto a las indecisiones y las medidas pendientes de implantar por falta de visión o intereses partidistas perturbadores. Analicemos someramente, por falta de espacio, la crisis financiera, la crisis económica, las soluciones y las dificultades de su aplicación.

La crisis económica hemos de calificarla de gran complejidad, si seguimos la teoría de la inestabilidad financiera de Minsky, ante el predominio de los mercados financieros y la banca de inversiones sobre la de intermediación tradicional; error incuestionable con ausencia de control de los bancos centrales, casi secuestrados por los poderes políticos, permitiéndose a las actividades financieras una libertad de alto perjuicio al desarrollo de la economía real productiva y de servicios.

Como en crisis anteriores, el crecimiento desmesurado del crédito hipotecario, cuyos activos se consideraron productos comercializables y rentables en cadena, carentes de riesgo, se potenciaron con el visto bueno de las agencias de calificación y de los organismos de control nacionales y supranacionales. Se creyó que el crecimiento acelerado era el único camino imparable, confiando en que el *boom* inmobiliario y el también crecimiento de los productos financieros novedosos y rentables marcaban el rumbo perfecto, y que el autogobierno y libertad de gestión de las actividades financieras era lo adecuado, pero ellos han sido la verdadera causa de la crisis profunda.

En España la crisis inmobiliaria puso de relieve la gigantesca inversión prisionera del ladrillo dejando a las entidades financieras sin liquidez y con un endeudamiento generalizado inasumible. La intervención financiera pública se vio obligada a actuar, perdiéndose también, en gran medida, la confianza interior y del exterior. Se repetía lo ocurrido en casi todas las crisis del pasado siglo XX: la inversión financiera especulativa de auténtica ingeniería, con abandono progresivo de la banca de intermediación tradicional. Error imperdonable.

Se olvidó el pasado y no se quiso ver la necesidad de controlar el riesgo que ha conducido a una morosidad, incluida la de la propia recaudación fiscal, no conocida en las últimas décadas. La autorregulación en las instituciones financieras debe desaparecer de la práctica de una bien planificada política económica, recobrando los bancos centrales la imprescindible independencia y la facultad de control, que siempre ha ejercido con admirable profesionalidad. Los excesos han obligado a tomar medidas de contención del gasto y de recortes que, por dolorosas, son de difícil aplicación; y antagónicas, por otro lado, con determinadas filosofías de los partidos políticos que relegan a segundo término la planificación y aplicación de una economía política sabia y prudente.

Se consolidó la recesión, que sin nuevas fuentes de riqueza donde dirigir la inversión empresarial rentable como motor del crecimiento y del empleo, sin la optimización de la productividad, sin innovación, sin creatividad y sin disminución del gasto público a niveles compatibles con el PIB Nacional no será posible detener. De nada habrá servido aportar efectivo al sistema bancario, este volverá al déficit de tesorería y al deterioro de sus balances y no será motor de crecimiento que pueda sacarnos de la crisis, como tampoco será posible si no se resuelve la fragmentación de los mercados de crédito de la Unión Europea; de esto último tiene la palabra Bruselas, muy lejos todavía de acometerla por abrigar Alemania serios recelos.

A nuestro juicio, el tratamiento fiscal y las continuas subidas de impuestos están siendo lesivas, incoherentes y perjudiciales al crecimiento y al empleo. Que puedan ser necesarias, cierto, pero aisladamente sin un plan de reactivación creciente y sostenible, las consecuencias probadas son más desapariciones de empresas, aumento del desempleo, más fraude, en algunos casos injustificado y perseguible, y en una mayoría inasumible por su deteriorada posición económico-financiera.

Una subida interminable de impuestos en una coyuntura en recesión puede ser insoportable y asegura la disminución de la recaudación tributaria y el aumento de la morosidad fiscal, hechos probados con los datos actuales publicados.

Desde determinados estamentos se argumenta que España cuenta con una presión fiscal por debajo de la media de sus socios europeos. Nada más lejos de la realidad. En IRPF ocupamos en porcentaje la cuarta posición; solo nos superan Suecia, Dinamarca y Bélgica. En el Impuesto de Sociedades el sexto lugar, también por encima de la media, y en IVA superamos a Alemania, los Países Bajos y el Reino Unido. Si relacionamos la recaudación con el PIB nacional obtendríamos unos datos que demostrarían la falacia de la baja presión fiscal, sin olvidar que el aumento de los impuestos lleva aparejada la disminución de la demanda. Otro dato importante a tener en cuenta es el IRPF, Europa cuenta con los tipos marginales más altos del mundo; España se encuentra en cabeza con un 52%.

¿Qué hace un buen líder empresarial para alcanzar el éxito? ¿Qué debe hacer un Estado para que su gestión económica sea eficaz y logre el crecimiento? Cumplir íntegramente con los tradicionales cinco puntos siguientes:

1. Establecer objetivos, innovadores y creativos que atraigan el consumo.
2. Diseñar estrategias idóneas y viables.
3. Determinar el calendario de actuaciones.
4. Gestionar con eficacia.
5. Controlar su cumplimiento en tiempo real.

Hemos perdido seis años desde el estallido de la crisis, incrementándose el endeudamiento público a todos los niveles. Aunque se han realizado recortes, son insuficientes y no se han abordado las reformas de las Administraciones públicas, sobredimensionadas y con duplicidades injustificadas. Al tiempo, no se han estudiado en profundidad medidas estructurales que impulsen el crecimiento del tejido empresarial y estimulen el emprendimiento razonado y viable de los emprendedores.

La estructura de la Unión Europea es débil e incompleta, y se tardará en llegar a una auténtica unión política y financiera capaz de hacer frente al crecimiento ya iniciado de otras grandes potencias y economías emergentes. El Viejo Continente debe abandonar su lentitud y aprovechar sus ventajas para iniciar el crecimiento con alianzas intercontinentales necesarias o no saldremos en varios años del estancamiento y de la inseguridad que nos oprime.

27. LA EUROPA DORMIDA

Expansión, 6 de junio de 2013

Política debe ser el arte de hacer posible lo necesario. Urge que la Unión Europea avance decididamente hacia la Unión fiscal y política, para hacer frente a la crisis económica más intensa desde la gran depresión, así como, una devaluación del euro frente al dólar.

Cuando a finales de 2007 apareció el pinchazo de la burbuja especulativa, sometiendo la economía internacional a la crisis más intensa desde la Gran Depresión, ofrecía al mismo tiempo una lección magistral que seguimos sin aceptar. Los responsables de las macroeconomías, los poderes públicos, no querían saber nada de los desmanes de los mercados de consumo, del control financiero ni del endeudamiento público. Tampoco supieron ejercer con inteligencia y energía su obligación de oposición quienes estaban llamados a ello. El crecimiento progresivo de la recaudación fiscal y un Estado de bienestar mal entendido encubrían la necesidad de control, sacrificio y trabajo que nunca debe faltar sea cual sea la coyuntura en que nos encontremos.

El endeudamiento generalizado dificulta en gran medida el crecimiento, y es incuestionable y urgente el ejercicio práctico de una economía política basada en la promoción de la riqueza, que es, sin duda, variada y suficiente, como lo demuestran los profundos estudios de geografía económica, probados y publicados. El talento es el que mueve el capital y el único que sabe invertir, dirigiéndolo hacia los sectores de riqueza naturales y rentables. Ni son los Estados los llamados a ello ni son las macroinversiones, generalmente deficitarias, las que nos volverán al crecimiento.

Igual que una empresa para que sea viable, creciente y duradera precisa de un auténtico líder, que no solamente de un buen gestor, la macroeconomía solo es posible si se cuenta con quien planifique, desarrolle, controle y propicie la apertura de nuevos mercados donde se dirijan el talento, el capital y los empresarios. Bienvenidas sean las medidas de protección, sin duda necesarias, pero inútiles sin promocionar mercados que atraigan inversión y promotores. Solo se alcanza el liderazgo si se cuenta con inteligencia, carisma, dotes de mando, visión de futuro, sabiduría en la selección de equipos y facilidad de comunicación; muy pocos alcanzan este nivel. ¿Contamos con este privilegio? Las empresas que han superado la crisis desde el otoño de 2007 y en el futuro formen parte de una economía en crecimiento sostenido sí han contado con verdaderos líderes.

LOS OBSTÁCULOS

Para hacer posible la reactivación, de imperiosa necesidad, hemos de considerar los efectos negativos creados durante la gestación de la crisis y las consecuencias de las medidas necesarias e impuestas que se contienen en el *Plan Nacional de Reformas y Recortes*. Veamos algunos:

a) El deterioro de la tesorería y balances del sistema financiero, cuyo saneamiento está siendo lento y difícil, debido al alto endeudamiento de las empresas y del nivel de morosidad que soportan.

b) La concentración bancaria probablemente excesiva, que debe ser vigilada para evitar las consecuencias negativas del oligopolio.
c) Una fiscalidad no armónica con nuestro PIB ni con la de nuestros socios europeos.
d) Un gasto público a todos los niveles inasumible a corto o medio plazo, que necesita una solución a largo plazo consensuada con Bruselas que haga posible rebajar el apalancamiento actual.
e) Presupuestos inadmisibles necesitados de adaptarlos al sistema Base Cero, exigiendo controlar su cumplimiento.

Al no poder acometer una devaluación general por pertenecer al euro, la aplicación de reformas y recortes ha supuesto recurrir a la devaluación interna, que ha conducido a la recesión que sufrimos, pero que es imprescindible para acometer los cambios estructurales que sirvan de impulso a la reactivación que precisamos con urgencia.

EL CRECIMIENTO SOSTENIDO

Analicemos algunos de los efectos económicos básicos que se están produciendo a nivel mundial, que pueden servir de base y orientación para adoptar las medidas que Europa necesita con el objetivo de salir del estancamiento e incorporarse a las economías consolidadas y emergentes.

Japón ha devaluado el yen aumentando la oferta monetaria e iniciando su influencia en los mercados y el crecimiento de sus exportaciones de forma inesperada y competitiva. Suecia ha duplicado su crecimiento poniéndose a la cabeza de Europa. Inglaterra ha mejorado la recesión que se temía y ha aumentado su apertura al exterior. Perú ha potenciado su propia y abundante riqueza y se ha abierto a los inversores, como también lo está haciendo Brasil. EE UU está recuperando su potencial industrial y volverá a ser la auténtica locomotora de la economía internacional. La India destaca por su crecimiento técnico y científico, relajando el tradicional distanciamiento con China, iniciándose una posible alianza que el resto de potencias deben considerar detenidamente.

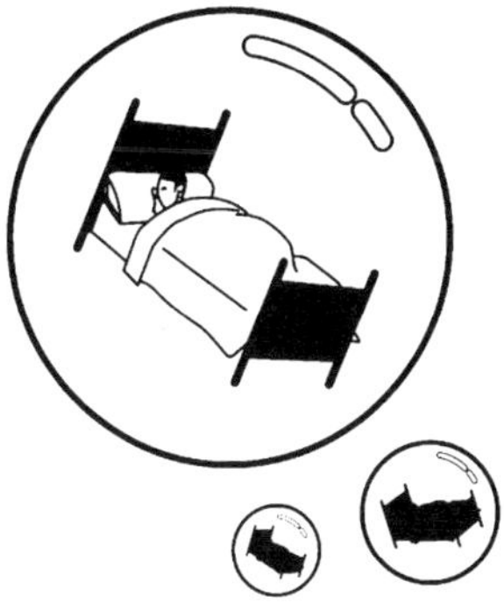

Sin embargo, los países del euro cuentan con una moneda sobrevalorada con relación al dólar, que sin duda solo favorece a EE UU. La política de recortes y ajustes, sin promover crecimiento y competitividad, está disminuyendo nuestro PIB, y se distancia de los países consolidados, en crecimiento y emergentes.

Por todo ello, Europa necesita una unión financiera, fiscal y política más consolidada; pero sobre todo devaluar el euro con relación al dólar, previo estudio del mercado internacional, y una alianza de libre mercado de doble dirección con EE UU y otros países del Atlántico, a semejanza de la ya acordada e iniciada del conjunto de los países del Pacífico.

28. LA EMPRESA FAMILIAR Y SU INTERNACIONALIZACIÓN

Expansión, 27 de junio de 2013

Las empresas de ámbito nacional deben ampliar su actividad hacia el exterior, investigando y desarrollando originalidad y diferenciación, pero accediendo solo a países en crecimiento que superen el 1,5% de su PIB.

La empresa familiar es tan imprescindible para la economía real como sensible a las tensiones internas entre los herederos, que en muchos casos hacen que su gestión resulte inviable. En casi todos los países existe este problema, que es objeto de profundos estudios dada la alta preocupación que suscita en asociaciones, foros y congresos especializados. La inquietud de todo creador que haya alcanzado el éxito es hacer posible la continuidad en las futuras generaciones cuando son varios los herederos, que también son diferentes en preparación, criterio, visión de futuro y experiencia. No todos los componentes de la familia tienen las condiciones que se requieren para liderar, solo valen los que posean el genoma inversor. La empresa familiar debe conservar los valores de su tradición, pero no será posible si solo se supedita a las opiniones individuales o a las tensiones internas. Debe gestionarse como cualquier otra empresa, y esto solo se consigue si el continuador en la dirección es profundo conocedor de la filosofía, el nacimiento y el crecimiento de la misma; aunque esto no es suficiente si no tiene una clara visión de futuro y convencimiento de la necesidad de continuar mediante innovación sin fronteras. De lo contrario, destruiría la consolidación de la marca y de las propias raíces que crearon sus predecesores.

En casi todos los casos es conveniente aprobar y suscribir un protocolo equilibrado al que todos deben acogerse y que será de obligado cumplimiento. A pesar de lo cual, como en toda relación contractual, hay que superar las controversias, que obligan a recurrir a un arbitraje. Sin embargo, no todos los mediadores son válidos, la mayoría ni siquiera han creado una empresa ni han promovido puestos de trabajo. Los conocimientos teóricos no son suficientes, deben ir acompañados de una experiencia consolidada.

EQUILIBRIO

La unión de criterios selectivos es imprescindible, pues de no ser así provocaría el desequilibrio familiar, y con mucha probabilidad la desintegración de la empresa. Si el equilibrio no se logra, es mejor vender el negocio o dejar que las participaciones sean adquiridas por alguno o algunos de los que estén dispuestos a gestionarlo. El problema surge, en la mayoría de los casos, si al recibir la propiedad no se establecen primero los proyectos; segundo, el acuerdo mayoritario, y, tercero, las soluciones empresariales para su implantación. Y todo esto tampoco será viable si no existe el convencimiento de que la empresa es lo primero, y de que la familia propietaria y la parte gestora han conseguido la armonización.

Lo expuesto obliga a meditar, aunque sea brevemente, sobre la necesidad y las condiciones personales que debe reunir un líder empresarial y los atributos y valores que debe poseer. Es sabido que liderar no es solo hacer las cosas mejor, sino hacer las mejores cosas; el líder sustituye barreras por horizontes y sabe convertir las dificultades en éxitos. Realmente, lo que se valora es la visión estratégica y comercial, la creatividad y la proyección internacional. Pero también hay otros elementos complementarios como la gestión de equipos, ser un buen comunicador y un comportamiento ético continuado. El líder se convierte en maestro si aporta motivación, coordinación y guía. Ser creativo no es ser un genio, sino que es una actitud positiva hacia lo nuevo, es revolucionar lo que está en marcha, sin olvidar el Principio de Peter para no sobrepasar su nivel de competencia, y prescindir del ego una vez que se posee una idea.

Hace poco leía un pensamiento que me resultó del máximo interés: un hombre mediocre es el que vive de un éxito toda su vida. Una empresa familiar, como cualquier otra, está sometida a la disciplina que le impone la competencia, no solo nacional, sino también internacional. El mercado impone la necesidad de controlar costes e investigar y crear para ofrecer novedad. Hay que poner en valor el poder de las ideas.

La larga crisis que soportamos y la dificultad de crecer en la actual coyuntura económica obliga a decidirse a asomarse al exterior, a internacionalizarse; algo que nunca debe ser una huida hacia adelante ante una situación crítica, sino un objetivo hacia el crecimiento. Es necesario reflexionar previamente cuáles son nuestros futuros mercados ideales concordantes con nuestros productos o servicios. Internacionalizarse, sí, pero hay que hacer marca universal, hay que globalizarla. No debe ser una marca nacional que sale al exterior, sin olvidar que otros países tienen costumbres distintas, y hay que adecuarse a cada mercado.

Muchos de los emprendedores proyectan crear filiales, pero la experiencia ha demostrado que este sistema no globaliza y que son observadas con recelo. Deben constituirse entidades con personalidad jurídica y fiscal del país donde orientamos nuestra expansión, aunque la propiedad y la alta dirección residan en la central española. Otra solución consiste en buscar alianzas de intereses recíprocos que favorezcan lo antes posible nuestros objetivos, sin olvidar la externalización parcial o total.

PLANIFICACIÓN

Es de la mayor importancia planificar la expansión por etapas. La primera debe incluir: 1) investigación del mercado de consumo; 2) elección de la figura jurídica; 3) elección de asesores nativos y centros de información especializados oficiales y privados; 4) proyecto de actuaciones y adecuación y modernización de los servicios centrales de control y apoyo; 5) presupuesto de inversiones y calendario de aplicación; y 6) ofrecer solvencia, estabilidad y crecimiento.

La segunda etapa consiste en: 1) consolidar el contenido de la primera etapa; 2) delegar y apoyar la gestión, previo establecimiento de funciones y sistemas de control locales y centrales; y 3) lograr la autogestión en el exterior sin disminuir la colaboración central.

El acceso a la financiación necesaria para cubrir la comercialización es otra de las cuestiones que hay que resolver. En muchos casos presenta dificultades. Por ello, deben elegirse economías desarrolladas y emergentes cuyo crecimiento supere el 1,5% del PIB.

29. EFÍMERAS ILUSIONES

La Verdad de Murcia, 3 de julio de 2013

La mayoría de los políticos aplican su filosofía de partido a la gestión de la economía, convirtiéndola en política-económica, cuando debiera ser economía-política independiente. También olvidan que el ayer no existe y que para construir el mañana hay que actuar hoy.

Con más frecuencia de la conveniente, los políticos, tal vez por falta de experiencia en la economía real, se esfuerzan en buscar soluciones a las consecuencias nefastas derivadas de las crisis aplicando políticas económicas de cobertura ocasional e incompleta, carentes de posibilidades para corregirlas y obtener el éxito. La economía de un país es la base esencial que puede conducir al bienestar general, pero se olvida de forma reiterada que una política económica supeditada a una ideología o carente de visión de futuro siempre conduce a la ineficacia y en muchos casos al fracaso. Solo una economía política aplicada a promover desarrollo, libertad de emprendimiento y de mercado, olvidando los principios ideológicos y la demagogia, puede conducir a los objetivos preferentes, necesarios y tal vez únicos de la sociedad.

Pretender disminuir el desempleo generalizado pensando que la corrección llegará estimulando a los jóvenes a emprender como único camino para la recuperación económica y la creación de puestos de trabajo, centralizar esta solución exclusivamente en estímulos a los creativos noveles sin abrir nuevas fuentes de riqueza a la inversión generalizada es, sin duda, cuando menos, una decisión muy parcial y de resultados cortos y arriesgados.

Imaginar que los nuevos jóvenes emprendedores van a tener la responsabilidad de la recuperación del consumo y de la creación de puestos de trabajo en porcentajes significativos es de un lamentable optimismo. Son imprescindibles, sin duda, pero su poder de absorción ante la cifras del paro que soportamos, a corto y medio plazo, será pequeña y nunca será la solución definitiva.

El hecho económico-social más importante de los últimos años en España ha sido la legitimación de función social del empresario, pero una economía sólida vendrá solo si logramos el impulso de la fuerza de ánimo de todo el colectivo empresarial, incluidos naturalmente los jóvenes creativos. Emprender con éxito es bastante más complicado de lo que puede imaginarse, y aún más si no existen sectores de posible riqueza donde dirigir la creatividad, la inversión y el trabajo, y con muy escasas posibilidades de financiación. El nivel de vida depende de la capacidad de promover proyectos empresariales viables en un entorno competitivo, incluso en medios de acusada intervención económica a los que hay que adaptarse, máxime en la diversidad de los mercados en la internacionalización.

La juventud emprendedora ha de tomar conciencia de que ha de aportar valor, pero es necesario tomar decisiones que resulten acertadas, y para ello necesitan visión de futuro y capacidad de soportar la incertidumbre que ello supone. Aquí surge algo que se olvida con mucha frecuencia: el riesgo económico y el autocontrol para rechazar el rendimiento inmediato si es peligroso. Crear una empresa diferente, gestionar el equipo humano, ser un buen comunicador y tener un comportamiento ético continuado deben ser atributos necesarios a tener en cuenta por todos los jóvenes emprendedores. En suma, no es posible triunfar sin poseer el genoma inversor.

La Ley de Emprendedores podrá ser más o menos acertada, podrá ser efectiva y colaboradora, pero solo aplicable a un colectivo pequeño dentro del tejido empresarial. El éxito de los empresarios noveles alcanza porcentajes muy pequeños dentro de su propio colectivo. Atender a estos en exclusiva y depositar en ello la esperanza de crecimiento y de disminución del desempleo solo es una ilusión que se desvanecería pronto.

Con independencia de que la nueva ley consiga el estímulo que se pretende, la economía, en la actual coyuntura, requiere una renovación estructural profunda, en donde debe incluirse la reforma fiscal, el saneamiento definitivo y la liquidez de las entidades financieras, una mayor libertad de mercado y agilidad administrativa, y sobre todo, estimular y estructurar nuevas fuentes de riqueza con posibilidad de crecimiento continuado, sustitutivas de las que provocaron una crisis de más de cinco años de permanencia. De centrarnos solo en estímulos a los nuevos creativos, podríamos estar propiciando una "burbuja del emprendimiento protegido", pero tampoco podremos esperar crecimiento económico si no somos capaces de ilusionar a los jóvenes emprendedores.

30. EL CRECIMIENTO DE LA EXPORTACIÓN NO ES SUFICIENTE

La Verdad de Murcia, 16 de julio de 2013

Integridad en economía es hacer lo correcto en su totalidad y no conformarse con el resultado positivo parcial, incluso cuando exista conformismo o falsa ilusión generalizada.

Se afirma de forma categórica que la repercusión económica ha comenzado, y que la demostración es evidente si observamos el crecimiento de las exportaciones desde finales de 2009 a diciembre de 2012. La exportación del sector exterior al PIB español en ese periodo de tiempo ha sido positiva, superando el 23%, ligeramente superior en dos puntos a la media de la Europa comunitaria. Sin embargo, este análisis no debe ser contemplado en solitario. Es obvio que muchas empresas, ante el notable descenso de la demanda, se han visto obligadas a asomarse al exterior, a conquistar mercados nuevos que compensasen la caída de su facturación; es necesario resaltar que el peso del sector exterior en el total de nuestra economía sigue siendo países de nuestro entorno.

También se afirma que nuestra balanza exterior ha alcanzado cifras positivas. Es cierto, pero no todo el mérito se debe al crecimiento de la exportación, sino a la disminución de las importaciones de bienes y servicios no básicos, superior a aquella, lo que hace perder valor a las exportaciones. Tampoco debemos olvidar que un componente de las mismas lo integran bienes importados, los cuales no generan productividad y por tanto valor añadido. Resumiendo, la mejora de la balanza de pagos está compuesta, de una parte por el crecimiento de nuestras exportaciones, y de otra por la disminución de las importaciones a que obliga la caída progresiva del consumo interior.

Hemos de ser realistas, el montante de las exportaciones no ha alcanzado la media de otros países, los cuales no han sufrido una disminución tan drástica del consumo interior ni de sus importaciones. Estas últimas han registrado en España una caída que se aproxima al 15%. No hablemos solo del sector exportador para liderar nuestra recuperación económica, sería un espejismo. Son otras razones, como las reformas estructurales profundas, aún por acometer, la reducción y control de los costos manufactureros que hagan posible alcanzar una competitividad que imponen los mercados y estimular sectores de riqueza rentable a la que accedan empresarios, emprendedores e inversores no especulativos, con creatividad y la fuerza de ánimo colectiva necesaria.

Los estudiosos de las crisis anteriores comprobaron que las recuperaciones se apoyaron en las devaluaciones de la moneda, básica para compensar la inflación como factor decisivo —recordemos que la de España está ligeramente por encima de la media de nuestros socios de la Europa comunitaria— pero en la actualidad, al contar con la moneda única, la devaluación individualizada es inaplicable.

El saldo de la balanza comercial de bienes y servicios fue positivo por primera vez en 2012, contemplada desde 1997, ya que fue negativo en la etapa de crecimiento desordenado pasado, lo que no implica que la aportación del sector exterior al crecimiento del PIB fuese positivo desde 2008. La disminución del déficit de la balanza comercial hasta convertirse en positiva se ha debido al crecimiento de las exportaciones (42%) y a la caída de las importaciones (58%). Hemos de analizar el crecimiento exportador, pasando del optimismo exagerado a la prudencia equilibrada.

Otros datos a tener en cuenta son: 1) el número de empresas en España oscila en torno a los 3,5 millones; y 2) el de las exportaciones, 130.000, de las que 35.000 lo hacen de forma regular, pero solo 1.000 exportan los dos tercios de las ventas al exterior. Pueden seguir creciendo, pero también existe la duda de que cuando se vuelva al crecimiento interior y la demanda haga su aparición, los exportadores coyunturales vuelvan a facturar al mercado interior, que serán, sin duda, los que no posean vocación de expansión hacia el exterior, o aquellos a los que no les haya sido posible alcanzar cotas de rendimiento aceptable.

También conviene destacar que el descenso de los costes unitarios logrados en los tres últimos años no se ha aplicado a los precios de oferta; la mayoría ha servido para sanear situaciones financieras comprometidas, y en apoyo necesario para iniciar la expansión hacia el exterior.

Ha quedado claro que el incremento de nuestras exportaciones ha tenido una incidencia sobre el PIB inferior al 12,5% sobre la media europea. Por ello, cimentar nuestro crecimiento sostenido solo con el crecimiento exterior sería engañarnos y solo será viable mediante la reactivación de la demanda, creando y protegiendo nuevos sectores de riqueza que sirvan para atraer la inversión, el emprendimiento y el trabajo, único camino capaz de absorber desempleo, tan necesario como urgente.

31. CRECIMIENTO SIN AUTÉNTICAS REFORMAS BÁSICAS, UNA FALACIA

Expansión, 13 de agosto de 2013

Crecer en economía de forma prudente y continuada necesita de políticos preparados y con experiencia, austeros y con personalidad y dotes para el buen gobierno; pero sin olvidar que la verdadera sabiduría nos enseña, por encima de todo, a dudar, a oír y a no ser ignorantes.

El hombre, y en especial los dirigentes políticos, tienen una inclinación irrefrenable a comunicar insistentemente que las tendencias económicas adversas han alcanzado su punto de inflexión, que la recesión ha terminado y que el crecimiento será una realidad al alcance de la mano. Puede haber hechos positivos que respalden el posible cese de la recesión, incluso una ligera disminución del desempleo, pero asegurar que el crecimiento se ha iniciado, aunque su recuperación será lenta, puede ser una falacia. Políticamente es histórico el empeño en alentar, mediante previsiones optimistas, a los ciudadanos y en especial al empresariado, con el objeto de transformar el pesimismo en ilusión. Es una filosofía casi unánime de los líderes políticos para procurarse estabilidad, sin que en la mayoría de los casos hayan instaurado las reformas y estímulos imprescindibles para que la inversión y el crecimiento sean una realidad. Olvidan que generar ilusión y optimismo sin signos evidentes de crecimiento y sin que se cumplan las previsiones puede convertirse en un fracaso irreparable.

Sufrimos desde hace seis años una crisis que ha detenido la inversión y reducido progresivamente la demanda. Sin que se inicie la primera y crezca la segunda, no debe aventurarse y mucho menos asegurar que el crecimiento empieza a ser una realidad. En economía no hay posibilidad de bonanza y bienestar sin que se consiga el equilibrio inversión-demanda. Para conseguirlo, no se han establecido los siguientes pilares básicos: 1) saneamiento real y definitivo del sistema financiero; 2) determinar los sectores económicos propios que España posee con posibilidad probada de rentabilidad, a la que la inversión debe dirigirse, y establecer los estímulos imprescindibles; 3) reformas fiscales homologables con los países de nuestro entorno, y estimulantes al emprendimiento real y al crecimiento empresarial de las consolidadas, sin olvidar también impulsar la exportación; 4) potenciar la investigación, la innovación y la competitividad.

Sin abordar y regular con urgencia los cuatro puntos anteriormente expuestos, no será realidad el crecimiento que se asegura, ni saldremos de la crítica situación económica en la que nos encontramos, ni será posible hacer frente puntualmente al endeudamiento público contraído, que está subiendo de forma descontrolada y que supera con holgura nuestro PIB.

Cuestión clave para detener la recesión y propiciar el crecimiento de forma urgente es el punto tercero del párrafo anterior, la reordenación legislativa del sistema tributario que haga posible la inversión hacia el crecimiento. Es indudable la obligatoriedad que todos tenemos de contribuir al presupuesto de ingresos del Estado, es un principio aceptado mundialmente, pero otra cuestión es que el legislador olvide también el principio de igualdad y progresividad sin rebasar la línea confiscatoria, como establece nuestra Constitución, y el reconocimiento a la propiedad privada contenido en su artículo 33. Es también un hecho probado que la continua subida de impuestos no consigue aumentar la recaudación, y sí la deslocalización de empresas y la minoración de la riqueza.

Sabido es que una economía en continuo crecimiento y sin control, como la que hemos vivido hasta 2007, nos ha llevado no solo a la crisis, sino a un endeudamiento público desproporcionado y de difícil amortización, producto todo ello de haber sufrido una evidente ausencia de control presupuestario y una ignorancia supina en la dirección y administración de la economía política. Los impuestos serán imprescindibles para nivelar el endeudamiento, pero sin una planificación de la deuda a muy largo plazo y módico interés y sin una disminución de la presión tributaria que haga posible el crecimiento y como consecuencia el de la recaudación no conseguiremos el equilibrio inversión-demanda-rendimiento.

ORIGEN

El crecimiento impositivo continuo puede ser producto de carencia de ideas y de recursos para impulsar el tejido empresarial como única solución, porque del emprendimiento privado y el crecimiento de las pymes consolidadas dependerá el desarrollo de España y de la propia Europa. La autoridad económica no debe olvidar que el empresario español dedica no menos del 40% de su actividad a cubrir sus impuestos, que sus gravámenes medios, tanto del impuesto de sociedades como de las rentas del trabajo, superan la media de la Unión Europea, de la propia Alemania, y de países cuyo éxito de crecimiento se debió, en gran parte, a la reducción de su presión fiscal, tales como Canadá, Austria y Países Bajos.

Necesariamente el esfuerzo fiscal privado debe ir acompañado de un proyecto efectivo y urgente de austeridad colectiva estatal y corporativa. Para que el crecimiento de la Europa comunitaria sea colectivo, debería propiciarse la debilidad del euro contra el dólar, hecho que ayudaría a la exportación y a la balanza exterior, salvo que la fortaleza y solidez del dólar haga imposible esa menor valoración, lo cual, por otra parte, pondría en evidencia una Europa paralizada débil y carente de liderazgo.

32. REACTIVAR Y PROMOVER NUESTRA RIQUEZA REGIONAL

Expansión, 13 de agosto de 2013

No reconocer el error cometido por negligencia u olvido puede ocasionar perjuicios irreparables. Si estás a tiempo, impulsa nuevos objetivos o verás el comienzo de tu declive.

La riqueza de un país equivale al conjunto de bienes que posee más el esfuerzo y poder creativo de sus emprendedores. No solo para la ordenación y desarrollo aplicado a sus propios bienes naturales, sino al impulso de forma inteligente de actividades y servicios económico-empresariales rentables.

En cuanto al desarrollo empresarial de los bienes naturales, no siempre se obtienen los resultados esperados por falta de capacidad e iniciativa, como ocurre en los países que los poseen y no logran su estabilidad económico-financiera ni el bienestar social que merecían. Otros, como España, no han adoptado aún la decisión de analizar, estructurar, proteger e impulsar sus propios recursos naturales en pro de una economía más sana, independiente y duradera. La agricultura y su industria derivada, la mineralogía, la pesca y su conservación, el mayor y mejor aprovechamiento de las posibilidades turísticas y la industria imaginativa y complementaria de mecanización son otras tantas fuentes de expansión propia a medio desarrollar, olvidadas otras y en ocasiones torpedeadas y perseguidas. La geografía económica, la que nos muestra las riquezas regionales, es la gran olvidada y a casi nadie le interesa. Las comunidades autónomas deberían ser las protagonistas de su aplicación para obtener el máximo crecimiento, el cual solo será viable si se basa en la explotación de sus propias fuentes naturales y la experiencia que sobre los mismos tienen sus especialistas y trabajadores.

Sin embargo, en una buena parte de ellas los gestores no quieren o no saben analizar e impulsar lo que tienen al alcance de su mano, su propia y particular economía. Ocuparse solo de acrecentar y asegurar su dominio político por la vía de las máximas cesiones del Estado cuyo mantenimiento lleva, en algunas ocasiones, a una situación financiera insoportable, y de la promoción y ejecución de obras gigantescas en la mayoría de los casos no rentables ni preferentes, y en otros perjudiciales o carentes de los presupuestos necesarios, suponen un error político-económico que explica de manera diáfana su contribución a la aparición de la crisis que aún soportamos. Tampoco consiguen el pretendido crecimiento de su poder de gestión y sí un empobrecimiento generalizado. Lamentable que, pudiendo haber sido la creación de las comunidades autónomas un acierto, hayan contribuido en gran medida a la recesión y endeudamiento público, por los que llevamos seis años tomando medidas y soportando sacrificios que hagan posible invertir la primera y disminuir el segundo. Ha llegado el momento de aprender y obrar en consecuencia y asumir que los estados poderosos y sobredimensionados se construyen sobre pueblos empobrecidos y economías debilitadas, que son incapaces de crear e innovarse al soportar presiones y regulaciones públicas exageradas, que además entorpecen la competitividad interior y exterior.

Lo expuesto carecería de valor si no exponemos, a modo de ejemplo, las posibilidades no aprovechadas por olvido o negligencia de un sector económico trascendental que España posee: la agricultura, que tanto ha ayudado a mejorar nuestras exportaciones en el presente ejercicio, y del que podría obtenerse una mayor riqueza nacional y la de algunas comunidades en particular, si se potenciara, se suprimieran trabas y se creara una regulación fiscal cuya presión permitiera no solo crecer y competir internacionalmente, sino una recaudación progresiva muy positiva y un apoyo indiscutible a la creación de productos derivados y a una industria conservera ejemplar, como lo fuera en épocas pasadas.

Nuestra agricultura requiere el estudio profundo de sus posibilidades por comunidades, tanto de los productos típicos y de eficacia demostrada como del nivel de técnica, estructura y profesionalización. Para ello, expongamos los ocho puntos básicos e imprescindibles que llevan al éxito: 1) tipos de cultivos posibles; 2) ubicación, dependiente de la composición de tierras, climatología, infraestructuras, especialización y experiencia en el trabajo agrícola; 3) capacidad de riego, su infraestructura y canalizaciones existentes o por acometer; 4) apertura de líneas de financiación temporales o por cosechas; 5) sistema de tratamiento fiscal adaptado a una actividad típica, esencial, imprescindible y generadora de riqueza progresiva hasta llegar al consumidor; 6) reformas de calado en la actual estructura de intermediación (posiblemente arcaica, oligárquica y perjudicial, tanto para el agricultor como para el consumidor); 7) organización y apoyo legislativo a nuevos sistemas de intermediación y distribución para el mercado nacional e internacional; y 8) apoyo y financiación a la investigación para el desarrollo de los productos derivados, de utilización sanitaria natural y de la industria conservera.

La importancia del sector que nos ocupa merece, para su desarrollo, un amplio espacio del que no disponemos, pero no queremos olvidar algunos comentarios sobre los apartados 3, 5 y 6 expuestos anteriormente:

- Al 3: España no es deficitaria de agua. Sin embargo, hay zonas agrícolas que sí lo son, y por tanto su expansión resulta imposible, en el mejor de los casos cubren con dificultad sus actuales explotaciones. Sobre el Plan Nacional Hidráulico llevamos muchas décadas hablando e incluyéndolo en los programas políticos una y otra vez. Los intereses partidistas de determinadas comunidades, injustos y faltos de solidaridad nacional, siempre lo han impedido. Han preferido que los caudales sobrantes se pierdan en el mar, pretendiendo apropiarse de unos derechos sobre ríos que no les pertenecen y que son de interés y propiedad de todos los españoles. Han intentado compensar el daño causado con la construcción de lo que en el mundo entero se está suprimiendo, las desalinizadoras (California y Oriente Medio, por ejemplo), por ser inasumible su coste de tratamiento por metro cúbico y por resultar nocivas al no haber conseguido eliminar ni el boro ni el sodio, componentes que deterioran el suelo transformándolo en inservible, y destruyen el árbol en menos de tres años. Por tanto, la inversión es desproporcionada y condenada al abandono.
- Al 5: La actividad agrícola necesita de un *tratamiento fiscal personalizado* y equiparable al aplicado en los países de nuestro entorno. Más impuestos resultan inasumibles en

los costos de explotación, provocan menos recaudación e incitan a la evasión y a la paralización empresarial.

- Al 6: La mayoría de los tradicionales *sistemas de intermediación* comercial presionan los precios de compra en origen, en muchos casos se fijan mediante acuerdo previo, lo que ocasiona perjuicios insoportables sobre los rendimientos del agricultor, abandonando en algunos casos su duro trabajo y restando estímulos a la sucesión generacional. La diferencia entre los precios en origen y los del consumidor final pueden calificarse de disparatados, y solo se reajustarán si se suprime el intervencionismo y se legisla para hacer posible un libre mercado para todo el sector.

Sin rapidez en la toma de decisiones haremos un flaco favor al crecimiento de nuestra economía.

33. SIN BRUSELAS, LA RECUPERACIÓN INDUSTRIAL ES IMPOSIBLE

Expansión, 3 de octubre de 2013

La ventaja de trabajar dentro de una alianza colectiva asegura tu permanencia en el futuro.

La Comisión Europea al fin se ha convencido de que el único camino para la recuperación de la economía pasa necesariamente por recuperar el tejido industrial perdido e impulsar su crecimiento de forma acelerada, o se distanciará de los países más avanzados que ya han superado el crecimiento del 2% sobre el PIB. En nuestro caso la realidad es que la política económica ha sido desacertada y carente de visión, al no tomar las medidas necesarias para, por un lado, contener la desaparición y deslocalización forzada de empresas industriales, que ya ha superado el 30% en el último quinquenio, y para evitar el insostenible desempleo y el altísimo endeudamiento público, situado ya cerca del 95% del PIB.

Con independencia de adelgazar el tamaño de la estructura estatal y autonómica, y la simplificación de nuestro sistema burocrático, se nos reclama protección y fomento a la innovación e investigación, y un más ágil y efectivo acceso al crédito, imprescindibles para estimular nuestra dormida capacidad del sector productivo y de la inversión exterior en el mismo.

El impulso al sector industrial es el motor principal que puede llevarnos al crecimiento económico, a la creación de puestos de trabajo especializados y a la disminución del endeudamiento público. La inacción y aplazamiento en la toma de medidas urgentes que hagan posible su prioridad es un error imperdonable. La continua subida de impuestos como única solución para hacer frente al creciente endeudamiento es necesaria para cumplir con las obligaciones contraídas, pero un error para el desarrollo económico, puesto que reduce el consumo, merma la capacidad empresarial, aumenta el paro y frena la inversión interior y sobre todo la exterior. El fomento industrial y su crecimiento son imprescindibles para la subida de la renta nacional y del bienestar social, y el exceso de carga fiscal merma la competitividad, perjudica la exportación e impide la creación de puestos de trabajo estables. Es necesario que fluyan nuevas ideas para nuevas políticas económicas que regeneren el sector industrial y eliminen el crecimiento continuo de la fiscalidad. Esto último es lo más fácil, pero demuestra la carencia de ideas para encontrar el camino que facilite el cumplimiento a los requerimientos de Bruselas. No debemos olvidar que la planificación, la construcción de naves, instalaciones, maquinaria, etc., requieren financiación y tiempo, por tanto la destrucción industrial es de muy difícil recuperación y necesita de estímulos.

Recordaremos que en los años setenta San Juan de Puerto Rico alcanzó el liderazgo económico del Caribe y fue la ubicación geográfica preferida por los emprendedores de EE UU. Se acometió el plan urbano sobre el que se asentó su famosa Milla de Oro, atrayendo industrias en base a las exenciones tributarias vigentes. Puerto Rico, como Estado Asociado de EE UU, se vio obligado a derogar dichas exenciones, a partir de lo cual, en tan solo tres años, la Milla de Oro perdió su esplendor convirtiéndose en una auténtica desolación industrial, con repercusión sobre el turismo, el comercio minorista, el bienestar social y la recaudación fiscal.

La apreciación del euro está limitando nuestra competitividad, al fundamentarse las exportaciones, en mayor medida, en los precios antes que en la alta calidad de los productos. Es un argumento adicional para que los países del Norte, que son beneficiarios de la situación, insten a Bruselas para que sean sensibles a nuestro problema de desindustrialización.

En la actualidad, los Estados que regeneran la actividad productiva se están convirtiendo en líderes de la economía global, como es el caso de EE UU y Canadá, entre otros, sin olvidar el Foro de Asia-Pacífico, en el que sus líderes crean alianzas para protegerse ante la caída de Europa promoviendo medidas de desarrollo industrial sostenible y de regulación comercial competitiva. En la Comunidad Europea, en menor escala, lo están consiguiendo Polonia, Rumanía, Letonia y Estonia. El resto de los Veintiocho ha destruido industria en el último quinquenio y de ahí que Bruselas esté despertando y empiece a exigir a sus socios acciones urgentes y efectivas para detener la desaparición industrial y medidas estructurales que propicien su creación. Es evidente que si Europa no reacciona su riqueza languidecerá, haciendo imposible su reactivación. Alemania y Francia ya han iniciado su gran reforma para la promoción industrial.

España, con un sector industrial en plena caída y en los últimos puestos de la clasificación recientemente publicada, no tiene otra opción que despertar, estudiar y acometer cuantas medidas sean necesarias para que el crecimiento sea real y no encubierto e imposible. Con independencia de apoyar la investigación, la creatividad, la innovación, el crédito y la reducción del costo energético, una reforma fiscal en profundidad que contenga una disminución de impuestos capaz de hacer atractiva la inversión interna y sobre todo externa hacia la actividad productiva es incuestionable, de lo contrario podemos hacer un país de Estado rico con ciudadanos pobres, cuando lo deseable sería lo contrario.

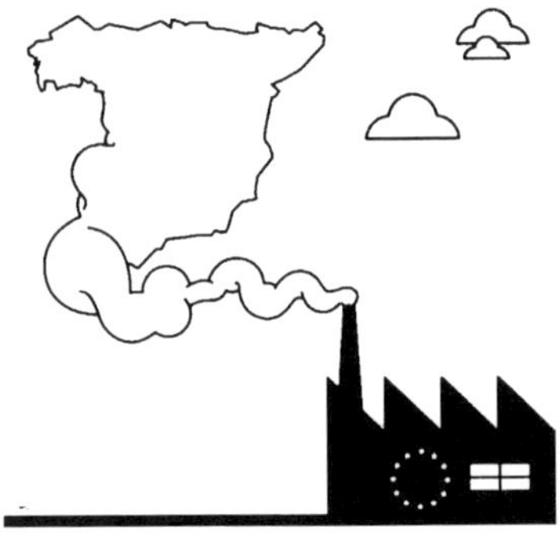

España cuenta con una ubicación geográfica excelente, pero no aprovechada y con ausencia de alianzas internacionales inteligentes, consecuencia de la falta de modernización y efectividad de nuestra organización exterior, embajadas, consulados y oficinas. Sin embargo, el impulso industrial debe apoyarse en componentes de la actual coyuntura de nuestra economía. Hay un importante flujo monetario procedente del exterior como grandes inversores destacados, fondos internacionales sólidos e inversores menores, atraídos por una oferta inmobiliaria de bajos precios, especialmente en costas, con la perspectiva de obtención de beneficios una vez iniciada la recuperación. Esto, unido al saneamiento avanzado del sistema financiero, demanda al Estado una bajada de impuestos impulsora del crecimiento y la implantación industrial.

Para hacerlo posible, es necesario compensar la caída de la recaudación que originaría la política fiscal protectora por un alargamiento de los plazos de amortización de la deuda pública, que permitiera mantener unos Presupuestos Generales del Estado equilibrados y viables.

Nada de lo expuesto, como posible única solución a nuestro desarrollo, sin un acuerdo de Bruselas que nos exige medidas urgentes para la contención de la destrucción industrial y el inicio de su crecimiento. Su apoyo y nuestro esfuerzo colectivo permitirán alcanzar el éxito de lo que no podemos aplazar: conseguir un tejido empresarial sólido, creciente y competitivo.

34. LA BALANZA EXTERIOR

La Verdad de Murcia, 30 de octubre de 2013

El sentido de la aventura al exterior, estableciendo programas inteligentes de expansión, confirma la calificación de innovadores.

La crisis, que aún sufrimos, tuvo su aparición en el último trimestre de 2007 produciendo, como consecuencia, un vacío en la actividad económica que originó el crecimiento de la cifra de desempleados al preocupante nivel de los seis millones. Este es el principal problema que nos obliga a todos a trabajar y abandonar otros objetivos para que el crecimiento del empleo estable sea esencial y prioritario.

Sin embargo, no es tarea fácil ni rápida, pero es imprescindible establecer un amplio programa de ideas inteligentes estructurales, planificar su desarrollo, impulsarlas, controlar su ejecución y apoyarlas con una financiación coherente y rápida y una fiscalidad colaboradora y atractiva que impulse la inversión empresarial interior y exterior, único camino para alcanzar el crecimiento por la vía del consumo. En economía ha quedado demostrada "la relación directa e indiscutible entre la cifra de población activa y el índice de consumo nacional". Si se consigue el crecimiento del consumo, obtendremos como consecuencia la creación de puestos de trabajo, y eso solo es posible si el tejido empresarial emprende e invierte.

Vamos a circunscribirnos al sector exterior como impulsor de la incipiente recuperación, y su repercusión en nuestro PIB.

El signo positivo de la balanza de pagos viene siendo creciente por la contribución en alza de nuestras exportaciones de bienes y servicios, pero también por la disminución de nuestras importaciones, sin duda debido a la caída del consumo interno. Todo ello, si bien la actividad del sector exterior es altamente positiva, no es un signo en solitario definitivo que confirme el comienzo de un crecimiento real continuado. Veamos las razones:

1. El aumento de las exportaciones debe ser considerado como éxito, por el esfuerzo obligado de las empresas ante la disminución del consumo interior, pero de duración limitada hasta que el signo positivo del crecimiento interior empiece a ser una realidad.
2. Que continúe su ascenso al mismo ritmo es difícil, puesto que la crisis ha sido generalizada y la importación de la mayoría de los países con los que nos relacionamos, debido a su coyuntura restrictiva, no nos es favorable. Tampoco será fácil remontar nuestro actual nivel de demanda, cuya caída hasta diciembre de 2012 alcanzó el 12,5%, mientras que la del PIB solo fue del 5%, favorecida por el crecimiento positivo de la balanza exterior. Es de destacar que las exportaciones españolas han superado a las de la eurozona casi en un 2,5% y que su influencia sobre el PIB español hasta finales de 2012 ha superado el 32%, sin olvidar que la balanza comercial ha sido positiva solo el pasado ejercicio y negativa en el transcurso de la última década.
3. Los productos exportados han sido competitivos por la disminución de los costos laborales, cuya rebaja ha tocado fondo; y el mantenimiento de la competitividad solo será

posible si se estimula la investigación, la innovación, la creatividad y la diferenciación, cuatro condiciones que necesitan inversión, estímulo y esfuerzo global, además de tiempo que seguimos perdiendo de manera imperdonable.

4. El saneamiento financiero está llevándose a cabo con bastante éxito, pero sigue sin llegar a las empresas por una razón básica, la morosidad que ha superado el 12% (dos puntos superior a la registrada hace dos años) impidiendo que el crédito fluya. Una economía débil y falta de inversión, y la consecuencia de las reclasificaciones crediticias obligatorias, han conducido al mercado financiero a mirar con lupa cada crédito solicitado. Este es uno de los objetivos a solucionar que impiden el despegue del crecimiento del consumo y, como consecuencia, la disminución del desempleo.
5. España encabeza el costo fiscal entre sus socios europeos, después de Francia y Portugal. Si consideramos los gravámenes del IRPF, el Impuesto sobre Sociedades, Alemania, Reino Unido, Italia, Polonia, Suecia y Finlandia disfrutan de una más cómoda presión fiscal que las hacen más competitivas. O se acometen reformas y rebajas de la fiscalidad con urgencia o será otra de las causas que impiden el despegue del crecimiento. Se argumenta que el endeudamiento generalizado aconseja no disminuir la presión tributaria, lamentable error que elimina la posibilidad de aumentar la recaudación propiciada por una economía en crecimiento.

Para que el PIB creciera a un ritmo superior al 2%, las exportaciones, en solitario, deberían hacerlo entre el 15 y el 20%, lo que exigiría un incremento de los mercados de destino jamás registrado en los mejores años de bonanza económica, en los que era posible el apoyo de devaluaciones de la moneda, hoy inviable.

Como ha quedado demostrado el tamaño del sector exportador es reducido e insuficiente para un crecimiento superior al 2%. Hemos de tomar con prudencia, por tanto, la tesis de que la exportación, sin otras medidas de más calado, nos conducirá a la recuperación inaplazable.

35. LA INFLUENCIA DEL EURO Y DE LA DESUNIÓN POLÍTICA EN LA CRISIS

Expansión, 30 de octubre de 2013

Los que dicen que algo es imposible no deberían molestar ni interrumpir a los que lo están haciendo.

La economía pública, en un mercado globalizado, tiene una influencia directa en la economía real: el conjunto de empresas y servicios de cada uno de los componentes de la Europa comunitaria. Podemos decir, sin temor a equivocarnos, que los socios que la componen están solo parcialmente unidos. Acatar una sola moneda sin someterse al mismo tiempo a una unión política, financiera y fiscal ha sido un error que hemos pagado muy caro y de difícil solución que, además, se alargará en el tiempo puesto que costará sufrimiento y sacrificios readaptar las estructuras individuales a las comunes obligatorias.

Que se mantenga la fortaleza del euro, basada en un colectivo de economías dispares y en muchos casos contrapuestas, frente al dólar, respaldado por un solo país, está provocando problemas graves a las economías más débiles de la eurozona. La sobrevaloración perjudica de manera directa al comercio exterior e interior, al encarecer los costes productivos y ello explica la desindustrialización que en el último quinquenio ha supuesto para España. Por otro lado, a EE UU le interesa un mercado de la importancia de Europa, y para ello necesita un dólar fuerte frente a una moneda más débil y fluctuante como la nuestra; de ahí la urgencia de no quedar indefensos ante las decisiones de la Reserva Federal.

Esta relación entre el euro y el dólar fuerza a la devaluación interna de los países periféricos mediante políticas restrictivas y el incremento de la presión fiscal, con el fin de reducir precios para volver a ser competitivos, pero puede causar un efecto de dificilísima reparación y de un alto costo social: desempleo, recesión, escasa financiación y endeudamiento desproporcionado. Este es el estado de la cuestión. Ningún país europeo ha logrado superar de forma estable el crecimiento del 2,5% sobre el PIB necesario para crear empleo y riqueza.

La presión inflacionista desigual, la obligada devaluación interna (la monetaria es inviable por razones obvias), mediante medidas duras y lesivas, pero imprescindibles, a que nos obliga una disciplina común, la falta de control presupuestario durante un largo periodo de crecimiento desproporcionado que se suponía interminable (basado en casi un solo sector, como ha sido el de la construcción) y la repercusión de un mundo financiero especulativo global de dificilísimo control han sido las principales causas de la crisis que aún padecemos y de la que costará años volver a la normalidad. No es realista proclamar que hemos tocado fondo y el crecimiento está a la vuelta de la esquina. Hemos de ser pragmáticos y entender que el endeudamiento colectivo exige de nuevos sectores de riqueza donde invertir y crear puestos de trabajo, y sobre todo del tiempo necesario para reducir nuestro endeudamiento. Imprescindible que todos lo comprendamos, que nos dejemos de discusiones ideológicas, que no perdamos el tiempo como hemos hecho hasta ahora y afrontemos la situación mediante unión, esfuerzo, trabajo, sacrificio e inversión.

CONSENSO

No es un criterio individual o personal, coinciden en ello los mejores economistas actuales europeos y americanos, y en situaciones semejantes lo expresaba Krugman en la década de los noventa: "Soy escéptico a que un proyecto con grandes carencias se consolide y no pueda derivar en graves consecuencias aún más difíciles de superar". Países de nuestro entorno como Suecia o Reino Unido toman sus propias decisiones y se defienden de la influencia nefasta que produce una economía con moneda única, pero sin cohesión legal unitaria e incapaz de conseguir una posición estable del Mercado Único en el que están integrados.

En nuestro país, como en aquellos otros que necesitan imponer la austeridad para volver al crecimiento, la adopción de medidas dolorosas domésticas con una tasa elevada de desempleo se torna en lentitud para conseguir la estabilidad, evitando el ajuste del empleo del sector público, aún pendiente, y el deterioro del bienestar general. Este fenómeno puede obligar a algún país de la Unión a negarse a continuar imponiendo recortes por encima de los ya efectuados, desoyendo las órdenes comunitarias y retrasando su aplicación. Los resultados desastrosos que ocasionaría son imprevisibles.

36. LA CAÍDA DE GIGANTES

Expansión, 27 de noviembre de 2013

El optimista siempre busca soluciones, convencido de que buscar excusas mermaría su capacidad emprendedora.

Cincuenta años después de la muerte de John Fitzgerald Kennedy, se sigue recordando y admirando al carismático trigésimo quinto presidente de EE UU; y es inevitable recordar su famosa frase, base de su política, "La Nueva Frontera". La complicada coyuntura política, social y económica de los años sesenta exigía nuevos objetivos, nuevas estructuras..., nuevos y revolucionarios cambios generalizados. Y esta necesidad imperiosa la acometió Kennedy, si bien se vio inacabada por su prematura desaparición.

En la actualidad estamos sufriendo la mayor y más profunda crisis financiera mundial desde la Gran Depresión de 1929, que se desencadenó en el último trimestre de 2007; después de seis años seguimos sin encontrar soluciones definitivas que conduzcan a un crecimiento sostenido, capaz de resolver el grave problema del desempleo y el mantenimiento de la estabilidad social. El recuerdo de la famosa frase "La Nueva Frontera" viene a la memoria porque, si hemos de ser sinceros, se están haciendo esfuerzos, proponiendo recortes y soluciones, pero sin conseguir las metas pretendidas, perdiendo demasiado tiempo y acercándonos a unos niveles de pobreza que ni debemos permitir ni podremos soportar. ¿Debemos plantearnos un nuevo objetivo a alcanzar? ¿Debemos cambiar de mentalidad y de la actual estructura, posiblemente amortizada e inservible? ¿Sirven las actuales políticas económicas mundiales? ¿Tienen claro el diagnóstico y las soluciones los altos responsables de la política y la economía, o están también amortizados intelectualmente? Tal vez ha llegado el momento de un cambio radical de nuevo cuño y tal vez, 50 años después de la célebre frase, deba construirse una nueva: la *renovación integral.*

El crecimiento excesivo aunque desigual de la economía mundial se ha resentido por carecer de sólida cimentación y estructura. El resultado final ha sido el endeudamiento masivo a todos los niveles, la paralización del crédito financiero, el deterioro de los balances bancarios, un elevado número de empresas desaparecidas y el incremento de las cifras del paro. La disminución del empleo, de la riqueza y de la renta disponible ha provocado la recesión del consumo y la paralización de la inversión. Una actividad eminentemente especulativa, que nunca ha de ser la base de la riqueza, obliga a estudiar en profundidad una nueva organización institucional, que evite los altos riesgos de una política torpe y de una libertad mal entendida.

Llama la atención, y debe ser objeto de profundo análisis, la entrada en crisis económico-financiera de determinadas grandes empresas en casi todos los países de economía desarrollada. Ejemplos los encontramos en EE UU, como el caso de General Motors, en el que el Tesoro se ha visto obligado a destinar una importante ayuda a su deteriorada tesorería con el fin de evitar el grave efecto contagio. También en España se están dando casos singulares de todos conocidos en distintos sectores, como el pesquero, electrodomésticos, alimentación y alguna entidad bancaria. Estas situaciones influyen en la gestión y desarrollo de las medianas y pequeñas empresas, ocasionándoles caída de la producción, disminución de la plantilla, morosidad y la reducción de los beneficios y de su contribución fiscal.

La situación negativa de grandes empresas y su amplia repercusión como consecuencia de un fenómeno especulativo, seguido de una política restrictiva, se viene dando en cada una de las grandes crisis históricas sin que la experiencia haya servido para superar la incapacidad, la falta de previsión y la visión de largo alcance de gran parte de los gestores de la política económica. Se ha conseguido la estabilidad, pero en modo alguno el crecimiento desequilibrado ha podido resolver las graves carencias de la economía.

AMORTIZACIÓN

Cuando el desarrollo desproporcionado de la actividad especulativa gestionada con alto riesgo (sea financiera o de la economía real) alcanza niveles insoportables y no ha sido prevista o consentida por falta de criterio o incapacidad, se suele recurrir a una política contractiva que siempre conduce al desastre. Ha de ir acompañada de una nueva estructura que permita potenciar tanto los nuevos sectores como los tradicionales capaces de generar una riqueza que posibilite el crecimiento del PIB, la creación de puestos de trabajo y el aumento de la recaudación tributaria. Los Presupuestos Generales deberán incluir la amortización equilibrada del endeudamiento público.

Esperar a que se produzca una perturbación grave de los mercados, propiciada por un sistema económico que ha demostrado ser incontrolable y altamente dañino, no es de recibo. Hubiera exigido una *renovación integral* anticipada, sin olvidar que su estudio e implantación solo hubieran sido posibles por etapas y con una visión de largo plazo.

Renovar una estructura económica de forma casi integral no es viable para España si se siguen planteando los nacionalismos incomprensibles desde el punto de vista económico. No es igual la ordenación federada de varias economías que la de una economía única. No existen ni han existido en nuestro país distintas ordenaciones político-económicas que acuerden su federación por intereses recíprocos. Siempre ha sido una unidad nacional y nuestra solución futura debe basarse en ella. Tendría su justificación si, como ocurrió en EE UU tras la guerra de Secesión, se abandonase una parte de la soberanía de cada Estado en provecho de un poder común. Crear estados independientes con una autonomía económica total plantearía a nuestro juicio la insolubilidad de nuestro actual problema y el de las pretendidas nacionalidades. Para ello, habría que resolver primero el problema político y pasar luego a las soluciones económicas. Es seguro que ninguna autonomía, ni el propio Estado, soportarían el paso del tiempo sin una crisis profunda y creciente pobreza.

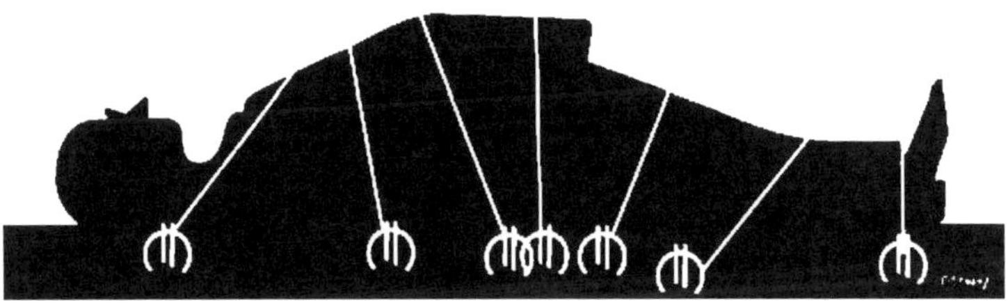

37. ARRANCA LA RECUPERACIÓN, PERO QUEDA MUCHO POR HACER PARA CONSOLIDARLA

Expansión, 28 de diciembre de 2013

No perdamos nada de nuestro tiempo; quizás los hubo más bellos, pero este es el nuestro.

A punto está de arrancar el año 2014, en el que una vez superada la recesión va a comenzar el crecimiento de nuestra economía, la creación de empleo y el restablecimiento del flujo del crédito, según se pronostica y asegura desde el Gobierno y desde otros estamentos y destacadas personalidades de acreditada solvencia profesional. Los que formamos parte del tejido empresarial, los que hemos podido superar los seis años transcurridos de crisis, somos conscientes de la responsabilidad que nos obliga a seguir trabajando sin descanso, a fijar nuevos objetivos y rumbos adecuados y a redoblar esfuerzos en creatividad, innovación y competitividad. También nosotros creemos en los pronósticos mencionados y no perdemos la esperanza de un ajuste progresivo del consumo, del nacimiento continuado de nuevos emprendedores y de que el bienestar social vuelva a ser una realidad nacional.

Sin embargo, nos corresponde a todos reflexionar sobre la historia de las crisis habidas desde la sufrida en los años treinta del siglo pasado hasta la última que aún soportamos, aparecida a finales de 2007, sus causas, errores, descontrol, adopción de medidas urgentes equivocadas, endeudamientos insoportables..., entre otras muchas, con el fin de acortar tiempos de sufrimiento y que sea una realidad el anunciado crecimiento. Reconocer los errores, corregirlos y promover riqueza productiva estable es el único camino que confirmará si los vaticinios anunciados eran fundados o solo una forma de demagogia de corto recorrido.

POSICIÓN ACTUAL: UN BREVE DIAGNÓSTICO

- Una actividad con una oferta muy superior a la demanda del mercado y estimulada por operaciones financieras especulativas, tanto de carácter internacional como nacional puede calificarse de catastrófica. Si una empresa produjera bienes o servicios inasumibles por la demanda, quebraría sin remisión.
- Nuestro sistema financiero se gestionó sin control de riesgos y con órganos rectores integrados, en parte, por miembros sin la preparación y experiencia que cargos de tan alta responsabilidad y visión de futuro requieren. La intromisión política en la actividad real ha sido, y en buena parte sigue siendo, una pretensión totalmente rechazable y nefasta, como ha quedado probado. La recuperación del crédito indiscriminado en una falsa coyuntura de bondad económica resulta penoso y en buena parte incobrable. Debe tenerse en cuenta que el índice de morosidad bancaria ha alcanzado el 13%, lo que unido a la escasez de tesorería justifican la casi ausencia de crédito al sector privado. No olvidemos que la drástica desaparición dirigida de entidades bancarias plantea serios problemas a las absorbentes en sus balances y dificultades de liquidez preocupantes. El Banco de España ha permanecido durante años falto de visión, con

intervención político-económica indebida, y sin aplicar los controles obligatorios a la banca privada, a pesar de contar con un cuerpo de inspectores del más alto y reconocido prestigio profesional. Si una empresa vendiera sin analizar las garantías y cuantificar el riesgo de sus clientes, no podría hacer frente a sus obligaciones de pago.

- La caída progresiva del consumo y el cese de la inversión por falta de proyectos empresariales rentables sustitutivos de los que provocó la crisis ha ocasionado la desaparición de más de 300.000 empresas y de más de cinco millones de puestos de trabajo. Una empresa ni se crea ni invierte sin un estudio previo del mercado de consumo de su producto o prestación de servicios, y en caso de prescindir de él, no merece llamarse empresario.
- La cesión de competencias a las comunidades autónomas, sin la cobertura presupuestaria imprescindible, ha sido otro error político que resta calidad a las prestaciones y provoca situaciones irregulares a las empresas periféricas por retraso en los cobros de sus servicios. La empresa privada debe cuidar escrupulosamente contar con la tesorería necesaria para la inversión inmovilizada y de equipamiento. La falta de previsión casi siempre termina en la insolvencia.

LAS SOLUCIONES ADOPTADAS...

1. *Sistema bancario.* Desaparición total de las cajas de ahorros, casi todas en situación de insolvencia, asignándolas a bancos que las han absorbido con compensación de dinero público. Se ha utilizado un proceso de reparto, con ausencia de una lógica adjudicación por concurso (sin lugar a dudas más ventajoso para las arcas públicas). Suprimir las cajas de ahorros puede no haber sido la mejor solución, funcionaron más de un siglo cumpliendo su misión de administrar el ahorro popular,

y contribuyendo en gran medida a la financiación de familias, autónomos y pequeñas empresas. Solo necesitaron una gestión profesional y un estricto control del Banco de España. Una reestructuración interna y el dinero entregado a las entidades absorbentes las hubieran revitalizado. Los bancos necesitados han sido refinanciados, pero el reajuste de sus balances, la deuda soberana y el desconocimiento de la situación de los prestatarios de las cajas desaparecidas están impidiendo que fluya el crédito.

2. *Ajustes del gasto público.* Se han aplicado en importante cuantía y extensión, pero insuficientes y olvidando capítulos de necesaria disminución o supresión.
3. *Administración complicada, lenta y excesivamente intervencionista.* Se ha legislado su agilización, pero es de difícil aplicación sin una actualización y reestructuración interna de los organismos de la Administración.

LAS SOLUCIONES IMPRESCINDIBLES POR ADOPTAR

1. Un *reajuste legislativo fiscal* de máxima urgencia. Ha de ser compatible con la normativa vigente de los países de nuestro entorno y ser un estímulo para la promoción empresarial.
2. Terminar el *saneamiento bancario* y dirigir el crédito a la economía autóctona creativa, olvidándonos de las inversiones gigantescas no rentables y de difícil amortización.
3. Potenciar nuestra red de *oficinas oficiales en el exterior* hacia la colaboración e internacionalización empresarial. Su apoyo a la exportación mediante los agregados comerciales y su equipo de expertos potenciaría el esfuerzo hacia el exterior.

Tenemos, por tanto, el problema, pero somos capaces de superarlo sin supeditar la economía a las ideologías, puesto que estas la empobrecen e inmovilizan. No nos durmamos en la autocomplacencia ni subordinemos los valores generales de la economía a la situación e intereses del sector público.

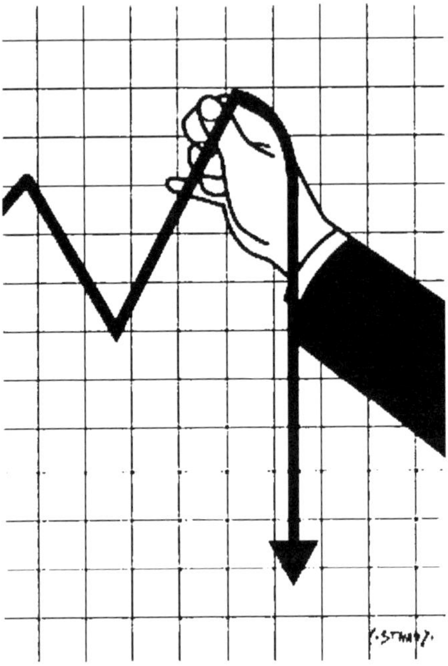

38. POLÍTICA ENERGÉTICA DESACERTADA E IMPROVISADA

Expansión, 8 de febrero de 2014

Si pones a gran parte de los Gobiernos a gestionar el desierto del Sahara, en cinco años habrá escasez de arena.

Milton Friedman

Ha pasado tiempo desde que se acuñó, por las empresas productoras y distribuidoras de energía, la ya aceptada y manida frase "déficit de tarifa". Se asumió y sigue utilizándose sin que el ciudadano, consumidor de un bien necesario e imprescindible, comprenda el verdadero y profundo significado de una frase que pretende justificar la continua e inaceptable subida del costo final de la factura de su consumo eléctrico. Es, sin duda, el esfuerzo de dar a conocer y no ocultar hechos y errores que obligan al encarecimiento progresivo de la energía que desestabiliza presupuestos en los hogares lo que coloca a la producción empresarial fuera de competencia, en especial con los mercados exteriores. Por eso, se reclama transparencia de una actividad excesivamente controlada y utilizada, en buena parte, para incorporar en sus facturas conceptos que nada tienen que ver con la generación y distribución de la energía. Gran parte de estos conceptos, no incluidos en donde debieran integrarse, los soportan los consumidores porque su recaudación es más sencilla y aparentemente encubierta.

Las empresas eléctricas, con independencia de sus costos de producción y distribución, se ven obligadas a incorporar también otros componentes, tales como la moratoria nuclear, el impuesto de electricidad, las primas a las renovables, la producción extrapeninsular, las primas a la producción nacional del carbón y los planes de ahorro y eficiencia energética, a los que habrá que sumar, desde ahora, las anualidades e intereses del propio déficit contable, ya que el costo final de tarifa está controlado por el Estado. La reciente Ley 24/2013 de diciembre del Sector Eléctrico es una ley esencialmente económico-financiera, que, como su propio nombre indica, pretende resolver el llamado déficit de tarifa en lo referente a rendimientos y cobertura de obligaciones de pago de las compañías eléctricas, sin que se observe que haya acometido las soluciones de los verdaderos problemas del sector ni hayan aportado soluciones definitivas inmediatas ni para medio ni para largo plazo. La incertidumbre permanece, sin que el esquema triangular economía-hacienda-empresas eléctricas haya minorado el problema ni los costos se hayan podido reducir para que sean asumibles y competitivos.

Resulta sorprendente y desde luego inaceptable que la cobertura de los conceptos mencionados anteriormente hayan de ser financiados con el incremento de la factura energética a cargo del consumidor. No debe olvidarse que son impuestos, subvenciones, aplicaciones a la necesaria política ambiental, y financiación obligatoria a la investigación y desarrollo de las energías renovables que, en conjunto, sus importes, ajenos a la producción eléctrica, constituyen casi el 60% de la facturación final. Al no recibir las empresas de distribución la financiación compensatoria de lo recaudado por cuenta del Estado, se ha llegado a producir el déficit de tarifa, cuya estimación se aproxima a 30.000 millones de euros, equivalente al 3% del PIB.

Dentro de los conceptos mencionados anteriormente, ajenos a los costos de producción y distribución, las subvenciones a las energías renovables inciden en la factura alrededor del 21%. La UE tomó la decisión de que la producción energética alcanzase en el año 2020 el 20% procedente de las fuentes renovables, porque de esta forma se mejoraría en igual porcentaje la eficiencia del servicio. España se lanzó a fomentar de forma masiva las instalaciones fotovoltaicas, dando lugar a que creciera el coste de las primas de forma desproporcionada que, al ser soportado por los recibos de la luz, ocasionaron por primera vez resultados negativos en las cuentas de resultados. La factura de los hogares españoles se elevó desde 2008 a 2013 un 46%, solo superado en un punto porcentual por Lituania, mientras en Italia solo asciende a un envidiable 3%. La UE, probablemente convencida de su error, recientemente ha demorado la consecución de sus objetivos hasta 2030.

SUBVENCIONES, PRODUCCIÓN Y DEMANDA

En la partida de las subvenciones a la energía solar, técnica aún en vía de perfección y desarrollo, los resultados han sido deplorables; su erróneo y prematuro lanzamiento produjo el desajuste más importante hasta ahora soportado. En España se instalaron más paneles solares en 2008 que en el resto del mundo, habiendo caído el precio de los mismos a niveles ridículos; razón por la cual y ante el inevitable desequilibrio presupuestario, se haya promulgado la Ley 24/2013, ordenando la asunción del mismo por las compañías eléctricas, por los perceptores de primas, y en una parte residual por el propio Estado.

Se da la paradoja de que con la crisis iniciada a finales de 2007, que aún sufrimos, con la disminución del tejido empresarial industrial y el control del consumo, la producción de energía eléctrica supera a la demanda. Sin embargo, los precios suben de manera continuada y es lógico comprender que el ciudadano no entienda el embrollo de la situación.

A mayor abundamiento, en los años de crecimiento económico y con las incontroladas facilidades financieras se promovieron y pusieron en marcha nuevas plantas de ciclo combinado, hoy prácticamente paradas. Nuestro potencial eléctrico instalado en España entre todos los sectores es de más de 100.000 MW, potencia capaz de satisfacer al doble de la actual demanda. Este es un lamentable error más, consecuencia de la falta de previsión económica, de la carencia de estudios profundos previos al lanzamiento y ejecución de unas estructuras faraónicas, que siempre suelen terminar sin rentabilidad y con un endeudamiento insoportable. Algo similar ha ocurrido con las desalinizadoras de aguas del mar, pensadas para cubrir necesidades hídricas con destino a la agricultura y el consumo humano. No son potables y arruinan los cultivos al no poderse eliminar ni el boro ni el sodio. En California y Oriente Medio se eliminan por nocivas; aquí invertimos en ellas, aumentamos nuestro endeudamiento, pero su costo final es inasumible, carecen de demanda en el mercado y como consecuencia, la mayoría se encuentran inactivas. La solución a este estado de cosas pasa por asumir la verdad. El déficit de tarifa es déficit del sector público y solo el objetivo contable de que este no sobrepase un cierto nivel impide reconocer la realidad y está presionando sobre la renta disponible de las familias y los costes empresariales.

39. EL ORIGEN DE LAS CRISIS

Expansión, 25 de marzo de 2014

Las predicciones económicas que se emiten en los medios de difusión por economistas y políticos, en su mayoría, solo obedecen a la misión de infundir tranquilidad y confianza, pero casi siempre son equivocadas. Los verdaderos economistas de sólida preparación y de libertad de criterio, no aparecen nunca en los debates de los medios. El ejemplo lo tenemos en Robert Lucas, figura destacada de los años setenta, o en Paul Romer, el más influyente de los ochenta, estos nunca aparecieron en programas de debate, estos son los de las ideas constructivas y criterios acertados.

El siglo XX ha transcurrido con una serie de crisis de influencia inevitable sobre la economía mundial, que se inició con la más profunda, la del año 1929, conocida como la Gran Depresión, de la que se obtuvieron experiencia y conclusiones una vez transcurridos los siguientes 15 años. Sin duda, la actual, iniciada en el último trimestre de 2007, ha sido la peor desde los años treinta, y transcurridos siete años se sigue trabajando intensivamente para la recuperación, sin que exista pleno acuerdo todavía sobre cuáles han sido las razones que la provocaron. Podemos afirmar, sin aspirar a conclusiones definitivas, que se sigue desconociendo la relación entre la economía global y los movimientos financieros internacionales. Estos últimos, a nuestro juicio, al estar incontrolados y constituir un poder colectivo que atrae a los inversores de todos los países, beneficiándose especialmente los encubiertos analista-gestores de los grandes bancos de inversión, son los verdaderos culpables de las crisis y sus consecuencias nefastas. Los movimientos financieros incontrolados y perturbadores de la economía real no se tenían en cuenta hasta la aparición de la Gran Depresión, y aunque se haya avanzado en su control, sigue siendo escasa la atención que los Gobiernos le prestan.

En los principales centros de investigación económica se considera ahora la necesidad de introducir sistemas de control sobre los movimientos de los poderosos mercados financieros, convencidos de que son las ideas especulativas y no los intereses de la economía real el verdadero origen de la inestabilidad de los precios de los activos que aquellos provocan para la obtención de beneficios rápidos. Solo la intervención de los bancos centrales puede impedir las turbulencias económicas que periódicamente soportamos.

CONTROL DE MOVIMIENTOS DESESTABILIZADORES

El comportamiento de los mercados financieros, la gran volatilidad muchas veces provocada de los precios de los activos, la ausencia de prevención por parte de los Gobiernos que carecen del dinamismo necesario para corregir los impactos de aquellos, que sí actúan apoyando a los mercados para celebrar los resultados positivos en la fase alcista del ciclo, pero que retiran la liquidez ante la aparición de una burbuja provocando pánico, ventas de urgente realización, caída del consumo y desplazamiento de la actividad industrial, son el verdadero causante de casi todas las crisis. Los gestores de la economía casi nunca aciertan en la adopción de medidas ni en el diagnóstico de las causas que provocan los grandes desajustes. Los Gobiernos deberían centrar la mayor atención en el control de los movimientos financieros desestabilizadores, y en el respeto y cumplimiento de los Presupuestos Generales de las Administraciones públicas. Tal vez la penalización de su incumplimiento, y de las macroinversiones de difícil amortización y de nula rentabilidad, sería una de las soluciones más efectivas en la buena dirección de una política económica útil, acertada y creadora de confianza.

Si contemplamos la deuda de las Administraciones públicas en base de lo expuesto anteriormente, comprenderemos mejor el impacto macroeconómico que la crisis ha ocasionado. La deuda a finales de 2013 se aproxima a un billón de euros, más del doble de los 435.000 millones en que se encontraba al principio de 2008; por tanto, ha pasado del 40% sobre el PIB a superar el 90% al comienzo de 2014. El profesor de Harvard Kenneth Rogoff llegó a la conclusión de que la deuda elevada disminuye la posibilidad de crecimiento, y cuando se supera el 90% del PIB se hace muy difícil el progreso de la economía. Si se llega a la conclusión de que cuando el sector financiero alcanza niveles insoportables presiona sobre la economía real ocasionando recesión y dificulta volver al crecimiento, solo es posible crear riqueza si hay ideas capaces de potenciar nuevas fuentes o sectores donde la inversión se reactive creándose tejido empresarial y empleo.

Cuando faltan ideas se suele recurrir, como camino único, a la subida de la presión fiscal con el fin de recaudar más para hacer frente al servicio de la deuda de las Administraciones públicas. Esta medida adoptada en medio de una crisis aún sin crecimiento, aunque se haya superado la recesión, es un error demostrado, ya que oprime a la empresa y al emprendimiento, obstaculizando el desarrollo económico sin conseguir aumentar la recaudación. Esta solo es posible si el sistema fiscal estimula la actividad obteniendo efectos positivos recaudatorios más rápidos.

Los errores cometidos no deben repetirse y para ello no debemos olvidar al sector financiero especulativo, el desajuste presupuestario, la mesura en la presión fiscal, contar con un sistema bancario saneado y con liquidez equilibrada, y una presión moderada del coste financiero de la deuda pública. El sistema de regulaciones administrativas continuado es otro de los motivos que infunden desconfianza e inseguridad cuya práctica debe abandonarse.

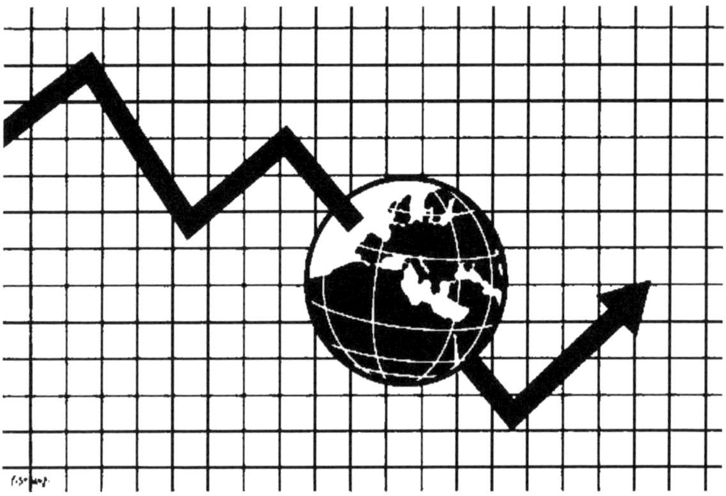

El contenido de esta publicación cubre, con el libro *22 artículos sobre la crisis,* sesenta y un artículos en los que se comentan más de seis años de una de las crisis mundiales más profundas desde la Gran Depresión de los años veinte del siglo pasado, sin que aún se haya vuelto al crecimiento sostenido de la economía y del empleo. Sin embargo, se ha superado la recesión y renace la esperanza y la fe, imprescindibles para conseguir la innovación y el desarrollo.

Sigue siendo nuestro propósito analizar los acontecimientos venideros hasta que la estabilidad sea una realidad y haga posible editar el tercer tomo de comentarios sobre los sucesos de una crisis histórica.